AF452888

LETTRES

ET OBSERVATIONS

A UNE DAME DE PROVINCE,

SUR LE SIÉGE

DE CALAIS,

Ornées d'une Carte Géographique
de cette Ville.

Par M. DE ***.

A PARIS,

Chez L'ESCLAPARD, Libraire, Quai de Gèvres.

M. DCC. LXV.

Avec Permission

LETTRES
ET OBSERVATIONS
A UNE DAME DE PROVINCE,
SUR LE SIÉGE
DE CALAIS.

LETTRE PREMIERE.

V OUS me demandés , Madame , des nouvelles du pays que j'habite , & je ne puis mieux vous faire ma cour qu'en vous parlant du Siége de Calais , Tragédie de M. de Belloy : vous aimés les gens à talens , vous les accueillés , vous les pro_tégés , & je voudrois être à portée de vous faire connoître celui-ci. Sa douceur & son honnêteté vous annonceroient ce qu'il est , & vous trouveriés sur son front toute la candeur & la simplicité de son

caractere. Il doit être effentiellement bon , puifqu'au milieu des lauriers dont il eft environné , il a confervé la politeffe & la modeftie dont il a toujours fait profeffion. Qu'il eft différent d'une troupe de petits Auteurs que je vois s'enfler de fuccès peu mérités , & fouvent mendiés ! Je ne vous dirai rien de l'efprit de M. de Belloy , vous le connoîtrés dans fa Piece. Pour prendre de cette Piece une idée plus jufte , jettons un coup d'œil fur l'hiftoire ; voyons quel étoit l'état de la France dans ces tems de mifere & de calamité , faifons connoiffance avec les deux Monarques qui fe difputoient alors l'Empire d'une partie de l'Europe , vous en verrés mieux comment le Reftaurateur de la gloire d'Euftache de Saint-Pierre a fçu tirer parti de fon fujet.

Les grands États font fujets à de grandes révolutions , & tel a été le fort de la Monarchie Françoife. Répandue dans les deux tiers de l'Europe fous le regne de Charlemagne , refferrée honteufement fous les defcendans de Louis le Débonnaire , elle redevient plus floriffante que jamais fous les deux Phiippes pere & fils , & vous allés la voir , fous Phiippe de Valois, dans la fituation la plus déplorable. Je fupprime ici une infinité de petits détails qui deviendroient inutiles , & je vais au fait.

Édouard III Roi d'Angleterre , trop fier & trop haut pour être vaffal d'aucun Souverain , formoit

-depuis longtems le projet d'envahir la France , far laquelle , même en rendant hommage à Philippe , il avoit toujours confervé des prétentions. De fon côté, Philippe féduit par l'apparente fincérité d'Édouard , fe flattoit de l'engager à feconder les efforts qu'il vouloit faire contre les Infidéles , & à tenter avec lui une nouvelle Croifade ; mais Édouard toujours adroit & diffimulé , ne donna que des réponfes vagues , gagna du tems , & promit au Pape , qui le preffoit vivement d'entrer dans les projets de Philippe , d'envoyer des Ambaffadeurs pour arranger les affaires qui concernoient la reftitution de quelques Places de Guyenne , conquifes fous le regne précédent , & fur lefquelles les deux Rois ne s'étoient pas expliqués d'une maniere affez précife. Cet objet une fois terminé , difoit Édouard , la France peut difpofer de mon bras & de mes troupes , mais la fuite ne fit que trop voir que tout ceci n'étoit qu'un prétexte.

Vous favez, Madame , que par le dernier Traité fait entre les deux Puiffances , les États de Robert de Bruce , Roi d'Écoffe , avoient été reconnus indépendans de l'Angleterre , par le confentement de la Reine mere d'Édouard , & de Roger de Mortemer fon Miniftre ; mais Édouard qui n'avoit point été admis à ce Traité , réfolu de l'enfreindre , finon ouvertement , du moins par adreffe , faifit l'inftant de la

mort de Robert de Bruce , & fait offrir fecrete-
ment la Couronne d'Écoffe à Édouard fils de Jean
Bailleul , détrôné par le pere de David de Bruce.
Bailleul y confent, vient à Londre conférer avec É-
douard , paffe en Ecoffe , où fecondé par les Nobles du pays , & par ceux méme d'Angleterre , il
gagne quatre victoires de fuite , fait la conquéte du
Royaume , contraint David de Bruce & la Reine
fa femme à fe retirer en France , rend un hommage
autentique au Roi d'Angleterre & le reconnoît
pour fon unique & légitime Maître. En falloit - il
davantage pour faire connoître à Philippe ce qu'il
devoit attendre d'Edouard , qui , d'un côté favori-
foit le parti de Jean de Bailleul , & de l'autre affu-
roit le Pape d'une entiere neutralité dans cette
affaire.

Cependant Valois, touché du fort de David de Bruce, le reçut en France avec toute l'affection poffible ,
lui promit de le remettre fur le Trône , & donna
effectivement des ordres fecrets , pour aller au fecours de Berwick , que les partifans du jeune David poffédoient encore , & dont Edouard faifoit
faire le Siége. Sur ces entrefaites , la Nobleffe du
pays indignée & furieufe de fe trouver fous la domination Anglaife , fe fouleva contre Bailleul , &
l'obligea de fortir de fon nouveau Royaume ; mais
Edouard levant alors le mafque , entre en Ecoffe

avec une armée nombreuse & la subjugue entiere-
ment. Pourquoi Valois au lieu de repousser la force
par la force, n'a-t-il été qu'oisif spectateur des conquêtes d'Edouard ? Pourquoi s'en est-il tenu à des
Négociations infructueuses , & a-t-il eu pour les
promesses d'Edouard une crédulité condamnable,
qui a été la source de tous les malheurs dont la France a été la victime ?

Edouard toujours actif, profita de cette confiance
ou plûtôt de cette négligence de Philippe de Valois,
& n'épargna rien pour se faire des Alliés contre la
France. Le Comte de Hainault son beau-pere se
chargea de traiter pour lui avec les Princes & Seigneurs des Pays-Bas & des bords du Rhin, & lui, de
son côté, se fit nommer par l'Empereur Louis de
Baviere, Vicaire Général de l'Empire , pour prix
& somme de soixante mille florins. Décoré de ce
nouveau titre qui lui coûtoit fort cher, il donna un
Edit par lequel il ordonnoit, qu'à l'exception de ce
qui appartenoit aux Sujets du Duc de Bretagne , on
saisît toutes les possessions des Français ; il expédia
des Commissions pour s'emparer du Duché de
Guyenne, & du Comté de Ponthieu, envoya son
Amiral courir les Côtes de France , & en un mot
fit commencer ses hostillités sans aucune Déclaration de Guerre. Le Monarque Français outragé ne
mit pas plus de forme pour le repousser, & sa Flótte,

fous les ordres de Nicolas Babuchet, Tréforier de France, porta le ravage fur les Côtes de l'Angleterre, furprit & réduifit en cendres Portsmouth & l'Ifle de Grenefey, tandis que, par la trahifon de Renaud de Normandie, les Anglais s'emparoient de la Fortereffe de Palencourt en Xaintonge, horrible perfidie qui fut vengée par la mort du coupable : ces petites attaques furent fuivies d'une Trève à laquelle Edouard ne fe prêta que pour avoir le tems de fe difpofer à une guerre férieufe qu'il déclara avant même que cette Trève fût expirée. Les Français fe mirent en devoir de lui répondre, & la Province de Normandie, fur-tout, fe diftingua par les offres qu'elle fit à fon Roi. On avoit vû, fous Guillaume le Conquérant & fous Louis VIII, fils de Philippe Augufte, les Gentils-hommes de cette Province fubjuguer l'Angleterre ; & leurs defcendans, animés du même zèle, afpiroient au même triomphe. Quatre mille hommes d'Armes, & quarante mille Fantaffins devoient compofer leur armée ; mais la Providence qui regle les Etats en avoit décidé autrement, & ces propofitions, quoiqu'agréées, n'eurent pas lieu.

Arrêtons-nous un moment, Madame, & confidérons quels étoient alors ces mêmes Français, que l'on regarde aujourd'hui comme le Peuple le plus poli du Monde. Bien différens de ce qu'ils font à préfent, à peine commençoient-ils à perdre cette rudeffe que l'on contracte & que l'on conferve dans la fervitude. Privés de cette lumiere & conféquemment de cette hardieffe héroïque que leur ont infpiré depuis les Arts & les Sciences ; ils n'ofoient s'élever au deffus de la fphère, dans laquelle ils fembloient être concentrés pour jamais.

Les Italiens & les Efpagnols, abfolument maîtres du Commerce, ne leur laiffoient que quelques Fabriques groffieres & trop peu lucratives pour fournir à la fubfiftance d'un Peuple très nombreux : & ce fut cependant, le croiriez-vous, Madame, ce fut au fein de cette langueur & de cette ignorance que l'on vit le luxe naître & s'accroître de jour en jour. Le Français pauvre & pareffeux, fit venir à grands frais les étoffes les plus précieufes de l'Etranger, inventa les modes les plus ridicules, donna tout aux fuperfluités, regarda le fafte comme un devoir, & murmura, lorfqu'il fallut contribuer aux befoins du Royaume, La pareffe enfanta le libertinage, la diffolution devint publique, & la Nation entiere fe fit honneur de la débauche la plus outrée, dont Edouard en politique habile, fut tirer parti. *Les Grands*, dit Mezerai, *dégenérant de la frugalité de leurs Ancêtres, & s'étant plongés dans le luxe & les voluptés, trouvoient dans la libéralité du Roi d'Angleterre, un moyen de réparer leur ruine, occafionnée par leurs folles dépenfes.*

Les mœurs des Anglais n'étoient pas moins corrompues, & les Hiftoriens conviennent unanimement que la dépravation regnoit dans toute l'Angleterre, que les femmes, dénuées de toute pudeur, ne rougiffoient point de s'abandonner aux plaifirs les plus honteux, & que les hommes les fecondoient dans leurs excès. Mais ce Peuple étoit gouverné par un Monarque ambitieux qui eut le fecret d'intéreffer toute la Nation à fes fuccès, de réveiller fon orgueil, & de faire des foldats d'un peuple amolli par la débauche.

Tel eft le pouvoir d'un Souverain fur fes Sujets, il change à fon gré toute la face d'un Empire, il enfante des Héros, en un mot, il fait des miracles, & cette gloire étoit réfervée à Edouard.

» Jamais, dit M. Villaret, le Trône de l'Angle-
» terre n'avoit été rempli par un Roi plus favant
» dans l'art de regner : uniquement occupé de fon
» agrandiffement, il ne perdit jamais de vue le deffein
» d'étendre fa domination, fur les débris des Puif-
» fances voifines & furtout de la France. Ce Prin-
» ce réuniffoit toutes les qualités qui forment les
» Héros & les Conquérans ; le port le plus majef-
» tueux, une beauté mâle, dont la nobleffe des
» traits relevait encore l'éclat : cet extérieur char-
» mant, joint à l'affabilité & à la facilité de s'expri-
» mer, lui gagnoient les cœurs de tous ceux qui l'ap-

» prochoient : fa libéralité les attachoit à lui fans
» retour : intrépidité dans les dangers , fermeté iné-
» branlable dans les revers : génie inépuifable en
» reffources , le deffein le plus compliqué n'étoit
» qu'un jeu pour fon imagination , auffi vafte que
» féconde : il exécutoit avec autant de rapidité
» qu'il projettoit facilement ; peu fcrupuleux fur
» les moyens qu'il employoit , pourvû que la
» réuffite les juftifiât : toujours maître des mou-
» vemens de fon ame, il ne laiffa jamais pénétrer
» les profondeurs de fa politique : c'eft à cette po-
» litique furtout qu'il fut redevable de fes plus grands
» fuccès. Philippe plus fincere , plus religieux , l'é-
» galoit en courage , en libéralité, en grandeur d'a-
» me ; mais il manquoit à ce Monarque la connoif-
» fance des hommes : ce défaut fi effentiel lui fit ou-
» trer la défiance : plus heureux fi la candeur &
» la probité de fon ame avoient été guidées par des
» lumieres plus fûres, & fi l'expérience eût adouci
» l'inflexibilité de fon caractere. Un cœur fimple ,
» jufte , généreux , mais auftere ; l'honneur d'un
» Chevalier , la bravoure d'un foldat, n'étoient pas
» des avantages fuffifans pour lutter avec égalité
» contre la fortune & le génie d'Edouard.

Si vous ouvrez M. de Larrey , Auteur de l'Hiftoire d'Angleterre, d'Ecoffe & d'Irlande , vous y

verrez ce même Edouard peint des couleurs les plus avantageuſes, vous l'y verrez affable, honnête, prévenant, d'une bonté, & d'une modeſtie qui euſſent fait douter qu'il étoit maître, s'il ne l'eut pas fait ſentir par la dignité de ſes actions. Dès qu'il ceſſa d'être enfant, continue le même Hiſtorien, on le vit agir en héros, & à l'âge d'Alexandre il ne forma de guères moins vaſtes projets, & ne les exécuta avec guères moins de gloire. Plus ſage d'ailleurs, il ſçut corriger par ſa prudence ce qu'il y eût d'emporté dans le Conquerant de l'Aſie.

Après un éloge auſſi brillant, Madame, vous ne ſerez pas ſurpriſe de voir M. de Larrey juſtifier Edouard, autant qu'il lui eſt poſſible, de tous les reproches qu'on lui a faits. Un des principaux juſqu'ici, eſt la guerre d'Ecoſſe, & l'Hiſtorien prétend que cette guerre étoit juſte dans tous les points. Selon lui, la Paix avec l'Ecoſſe, acceptée par la perfidie & l'avarice de Mortemer, avoit deshonoré le Parlement où elle fut conclue. M. de Larrey a raiſon, ſi en effet cette Paix fut le prix de trente mille marcs d'argent que David de Bruce s'obligea de payer ou paya à Mortemer. Quoiqu'il en ſoit, auſſi-tôt qu'Edouard, pendant l'enfance duquel ce Traité avoit été conclu, put examiner les choſes par lui-même, il fit arrêter Mortemer, qui accusé de la mort d'Edouard II. de celle du Comte de Kent, & d'une trop grande familiarité avec la Reine Mere, expira sur un échaffaud, & fut pendant deux jours, exposé aux yeux de la Nation ; la Reine elle-même fut reléguée à la campagne, où elle mourut quelques années après.

Je crains, Madame, que cette Lettre ne soit déjà trop longue, & je remets la suite au prochain ordinaire.

J'ai l'honneur d'être, &c.

LETTRE II.

NOus en sommes reftez, Madame, à la rupture de la Trève par Edouard, qui produifit entre les deux Puiffances une guerre très férieufe. A peine en effet, cette guerre eft-elle déclarée, que Gaulthier de Mauny, qui cueillit les premiers lauriers de la campagne, part fuivi de quarante lances, traverfe le Brabant, pénetre dans le Haynaut, met le feu à la petite ville de Mortagne, & s'empare de Thin-l'Évêque, Fort affez confidérable, fitué à une lieue de Cambrai. Maître abfolu de ce Fort, il y laiffa Guillaume de Mauny fon frere, & vint apporter lui-même à Edouard la nouvelle de fa conquête.

Edouard de fon côté, à la tête de quarante mille hommes, fans compter l'infanterie, fut mettre le Siége devant Cambray, & l'aurait infailliblement pris, fi Galois de la Baume, Gouverneur de la Place, n'eut fait la plus vigoureufe réfiftance. Le Roi d'Angleterre bientôt ennuyé de voir cette expédition traîner en longueur, & furtout embarraffé de fournir des vivres à fon armée, qui commançait à en manquer, abandonna le Siége. Mais ce mauvais fuccès ne fit qu'augmenter fon courage & fon avidité de conquérir. Animé par ces deux motifs, il paffe l'Efcaut, entre en Picardie & s'avance jufques dans le

Thierache & le Laonnois , où ſes troupes portérent
le ravage. La terre du Sire de Courcy fut déſolée ;
Marle,S. Gouvin furent réduits en cendres ; Origny-
Saint-Benoît ſubit le même ſort & un Abbaye de
Dames , choiſie pour premiere victime & livrée à la
brutalité du ſoldat , y ſouffrit le pillage & le viol.

Tandis que l'Anglais commettoit ces horreurs,
Philippe marchait vers lui , & vint camper à Viron-
foſſe , bourg éloigné de deux lieues de la Chapelle ;
ce fut là que le Comte de Haynaut vint ſe remettre
ſous les drapeaux de l'armée Françoiſe , & témoigna
au Roi le repentir qu'il avait d'avoir ſervi contre
lui au Siége de Cambrai.

Jamais , diſent les Hiſtoriens , on n'avait vû d'armées plus conſidérables l'une devant l'autre , depuis
que le ſceptre des Français avait paſſé de la main des
deſcendans de Charlemagne à celle des Princes de la
Maiſon de Hugues Capet. Edouard était à la tête de
cent vingt mille combattans , & Philippe lui oppo_
ſoit toute la magnificence & tout l'appareil du Monarque le plus puiſſant de l'Europe : jugez-en , Madame , par les Rois de Bohême, de Navarre & d'É-
coſſe , par les Ducs de Normandie , de Bretagne , de
Bourgogne , de Lorraine , & d'Athènes dont il étoit
accompagné. On y comptait encore le Comte d'A-
lençon frere du Roi , les Comtes de Flandres & de
Haynaut , de Bar , de Forêt , de Foix , d'Armagnac ,

d'Auvergne, de Longueville, d'Etampes, de Vendôme, de Harcourt, de S. Pol, de Guines, de Boulogne, de Roussi, de Dammartin, de Valentinois, d'Auxerre, de Sancerre, de Genève, de Dreux, & d'une multitude de Comtes, de Vicomtes de Gascogne & de Languedoc. Joignez à cela tous les Chevaliers & Ecuyers, dont ces différens Seigneurs étaient suivis, & vous aurez une idée du luxe qui devait regner dans cette armée. Telle fut autrefois celle de Darius, qui succomba sous la valeur d'Alexandre, aux yeux duquel il étalait toutes les richesses de la Perse.

Edouard, brûlant d'engager une action, envoya défire Philippe qui désirait aussi ardemment que lui d'en venir aux mains. Malgré ce zéle mutuel, les combattans de part & d'autre décampérent, & la partialité ordinaire parmi les Historiens, nous a empêché de savoir quelle en fut la véritable cause. Quelques Historiens prétendent que Philippe ne se retira que le lendemain du départ d'Edouard, & que l'on ne peut conséquemment lui reprocher d'avoir voulu éviter le combat. Larrey assure que ce fut par l'avis de son conseil, qui lui représenta de quelle importance il étoit pour lui d'éviter une action, dans laquelle il risquoit la perte de son Royaume, tandis qu'Edouard ne hazardoit que celle d'une bataille. En conséquence, ses Généraux furent si bien consumer en longueur le jour que cette bataille devoit se donner,

donner, qu'ils parvinrent jufqu'à la nuit, & ména-
gérent une retraite à l'armée Françoife.

Le Roi d'Angleterre déconcerté, mais point dé-
couragé de n'avoir pu en venir à une affaire déci-
five, qui, s'il l'eut gagnée, lui auroit ouvert les portes
de la France, rentra dans le Brabant, où il congédia
une partie de fes troupes ; mais en même-tems il
fentit de quelle importance il étoit pour lui de décider en fa faveur les Flamands contre Philippe, &
il n'épargna rien pour les y engager, malgré le ferment qu'ils avoient fait dans le dernier traité d'ob-
ferver entre les deux Couronnes une exacte neutralité ; ce ferment étoit d'autant plus folemnel, qu'ils
devoient, s'ils y manquoient, encourir l'excommu-
nication, & payer deux millions de florins à la Cham-
bre Apoftolique : mais rien n'étoit capables d'arrêter
Edouard. Il favoit ce que pouvoit fur les cœurs l'a-
dreffe qu'il avoit coutume d'employer, & il ne dé-
fefpera point de venir à bout de fon projet. En con-
féquence, il indique à Bruxelles une affemblée générale de tous fes Alliés, propofe aux Flamands de fe
ranger fous fes drapeaux, & leur promet de réunir
à leur provinces les villes de Lille, Douay & Be-
thune que l'on avoit démembrées du Domaine des
Comtes de Flandres. Cette promeffe les éblouit,
mais le ferment les arrêtoit, lorfque d'Artevelle, dit-on,

perfuada au Roi d'Angleterre de prendre le titre &
les armes de France, afin que les Flamands ne pûf-
fent être accufés d'avoir violé leur ferment.

Vous n'ignorez pas, Madame, que ce Jacques
d'Artevelle n'étoit autre chofe qu'un rafineur de
miel, & braffeur de bierre de la ville de Gand, qui
par l'immenfité de fes richeffes devint plus puiffant
& plus abfolu que ne l'avoit jamais été aucun Comte
de Flandres. » Maître de l'efprit de fes compatrio-
» tes, dit M. Villaret, il étoit l'ame de tous leurs
» confeils : il foulevoit ou calmoit à fon gré les flots
» de la fédition par des refforts inconnus à tout au-
» tre qu'à lui. Infinuant, ou hardi, audacieux ou
» retenu fuivant les circonftances, la foupleffe de
» fon génie fe conformoit à tout. Simple citoyen
» avec fes pareils, il temperoit l'envie qu'eut excité
» fon crédit par une familiarité qui le rapprochoit de
» toutes les conditions. Homme d'État avec les
» Grands, on voyoit avec furprife dans ce nouveau
» tuteur du peuple, la nobleffe & l'élévation d'un
» Souverain. Politique par fes propres lumieres,
» éloquent de cette éloquence populaire, dont la fa-
» cilité, fupérieure à l'art, perfuade fans effort, juf-
» tifiant la témérité de fes entreprifes par fon acti-
» vité, & par la précifion des mefures qu'il em-
» ployoit, fachant l'art de colorer les injuftices les

» plus révoltantes de l'apparence du bien public ;
» ne manquant jamais de prétextes fpécieux, lorfqu'il
» étoit queftion de s'emparer des richeffes qui étoient
» à fa bienféance , libéral jufqu'à la profufion ; «
voilà quel étoit Artevelle , le chef de ces mémes
Flamands qui tant de fois s'armérent contre la France, de ces Flamands, qui, en 1338, fous les ordres
d'un petit Marchand de poiffon , nommé Colin
Zannequin ou Dannequin, oférent infulter les troupes Françoifes & imaginer un ftratagéme pour fur-
prendre le Roi dans fa tente.

D'après ce projet cette vile populace fe rendit en
effet dans le camp des Français , tandis qu'ils pre-
noient du repos, & pénétra jufqu'à l'endroit où donnoit le Monarque , mais la rufe fe trouva découverte
& bientôt les Flamands enveloppés, fûrent pris & tail-
lés en piéces : Froiffard affure que de feize mille
qu'ils étoient, il n'en échapa pas un feul. Philippe
ne s'en tint pas là , s'empara d'Ypres & de Caffel,
fit abbatre toutes les fortifications qui apparte-
noient à la Flandre , abolit fes priviléges & con-
damna à mort les Chefs de la révolte, dont le nombre montoit à près de dix mille. Les Flamands
ainfi domptés , confervérent toujours une animo-
fité fecrette contre la France & ne cherchérent
que l'occafion de fe déclarer contre elle : ils la trou-

vérent & la faifirent dans le tems dont je viens de vous parler. On prétend que ce fut alors qu'Edouard fe décora du titre de Roi de France , cependant les Actes d'Angleterre atteftent qu'il l'avoit ufurpé deux ans avant fon accord avec les Flamands. Quoiqu'il en foit, ce peuple fut excommunié , & la fentence que le Pape lança contre lui fut fi terrible , que le fervice divin ceffa abfolument en Flandres. *Ne vous épouvantez pas, leur dit Edouard, je traverferai la Mer & je vous amenerai des Prêtres de mon pays qui vous chanteront la Meffe , veuille le Pape, ou non.*

Je pafferai fous filence , Madame, les attaques de la flotte Françoife dans les ports d'Angleterre , où elle s'empara de quelques vaiffeaux ; les incurfions du Comte de Haynaut en Thierache , où il prit & brula Aubenton , ainfi que Maubertfontaine , Aubecueil & Seigni , pour fe vanger des ravages que Philippe avoit fait faire fur fes terres. Je ne vous dirai rien non plus des expéditions d'Artevelle dans le Tournefis , de celles du Duc de Normandie dans le Haynaut , du Siége & de la prife de Thin-l'Evêque. Jettons les yeux fur un tableau plus intéreffant , & voyons les fuites funeftes du combat naval de l'Eclufe , le plus affreux qui fe foit donné depuis l'origine de la Monarchie. Edouard , bleffé à la cuiffe d'un coup de fléche, y conferva tout le fang froid du

grand homme & du héros. La victoire longtems incertaine entre les deux Nations se rangea enfin du
côté des Anglois, mais elle ne se décida en leur faveur, que lorsque les Flamands, qui jusques-là s'é-
toient tenus sur la défensive, se joignîrent à eux :
aidés de ce renfort, les Anglais mirent en déroute la
flotte Françoise & en firent un massacre épouvanta-
ble. Les uns estiment la perte de notre côté à vingt
mille hommes, les autres à trente mille. Ce fut à la
suite de cette malheureuse journée qu'Edouard fut
mettre le siége devant Tournay : les habitans prépa-
rés à cette attaque, firent la plus belle défense, & la
continuérent, encouragés par l'armée de Philippe
qui étoit campée entre Lille & Douay.

Edouard désesperé de voir résister une place qu'il
imaginoit prendre dès l'instant qu'il se présenteroit,
envoya un Hérault au Monarque Français chargé de
lui proposer de terminer la guerre par un duel ou
par un combat de cent contre cent : il ajoutoit que
si ces deux propositions ne lui convenoient pas, il le
sommoit d'indiquer un jour pour la bataille générale.
Edouard avoit fait faire ce défi avec toute la fierté
d'un vainqueur, & n'y donnoit pas même à Philippe
le titre de Roi. Philippe, toujours simple & modeste,
lui répondit avec sa douceur & sa décence ordi-
naires, que quoiqu'il ne dût pas penser que ce défi

s'adreſsât à lui , puiſqu'un vaſſal n'avoit pas ce droit vis-à-vis ſon Seigneur , il l'accepteroit cependant , s'il conſentoit que l'évenement du combat décidât le véritable poſſeſſeur des Royaumes de France & d'Angleterre.

Le ſuccès des armes eſt toujours incertain , Madame , & peut-être aurions-nous été les victimes de la propoſition de Valois , dans laquelle il me ſemble que l'on pourroit trouver un peu d'imprudence : heureuſement elle produiſit un bon effet & conduiſit à une trève , dont Jeanne de Valois ſœur du Roi de France , & veuve du dernier Comte de Haynaut fut la Médiatrice.

Quelques affaires m'empéchent de vous en dire davantage aujourd'hui , Madame , demain nous continuerons.

J'ai l'honneur d'étre &c.

LETRE III.

ON fe flattoit, Madame, que la Trève dont je vous parlois dans ma derniere Lettre, procureroit quelques années de repos & de tranquilité; mais on fe trompoit, & la rivalité du Comte de Montfort & de Charles de Blois pour la fucceffion de Jean III. furnommé le Bon, Duc de Bretagne, enfanta une nouvelle guerre, connue fous le nom de guerre de Bretagne. Le Comte de Montfort pris & fait prifonnier dans une attaque, fut remplacé par fa femme la Comteffe de Montfort, qui foutint tous les efforts du parti de Charles de Blois. Prête à fuccomber, elle implora les fecours d'Edouard, qui malgré la Trève & fa promeffe de n'en point troubler la paix, lui envoya une Flotte qui, fous les ordres de Gaulthier de Mauny, tailla les Français en pieces. Les Hiftoriens vous ont appris quelles furent les fuites de cette guerre, Madame, & je ne vous en ai rapporté le commencement que pour vous faire voir avec quelle vivacité le Roi Edouard s'armoit contre la France, toutes les fois qu'il en trouvoit l'occafion.

La punition d'Olivier de Cliffon, & de plufieurs autres Seigneurs Français que Philippe avoit fait

mourir sur des soupçons de trahison, fournirent encore au Monarque Anglois un nouveau prétexte
pour recommencer la guerre. Animé par la vengeance qu'il vouloit tirer, disoit-il, de la mort de
ces Guerriers qu'il regardoit comme ses Sujets, il
envoya en Guyenne le Comte de Derby, qui, après
y avoir porté le feu, malgré quelques troupes de
Philippe, fit la conquéte du Périgord & de toutes
les Places de la Guyenne, excepté de Blaye, dont
il fut contraint de lever le siége au bout de six se-
maines. Le Duc de Normandie, à la tête de soixante
mille hommes, en reprit quelques-unes, & le Roi
Edouard étoit sur le point d'y descendre lui-même,
lorsque repoussé par les vents contraires, il chan-
gea d'avis, & dirigea sa course vers la Normandie.

Nous devons les malheurs que produisit cette
incursion à un cadet de la Maison d'Harcourt,
nommé Geoffroi, Baron de St. Sauveur le Vicomte,
qui, à l'exemple du Comte d'Artois, fuyoit la colere
du Roi Philippe, & étoit venu chercher un asyle
auprès d'Edouard. Il n'en fut pas moins bien reçu
que l'avoit été le Comte ; & l'avis que lui donna ce
nouveau fugitif, fut encore plus funeste à la France
que ne l'avoient été toutes les intrigues de l'autre.
Il fit comprendre au Roi que sa descente en Normandie seroit incomparablement plus facile qu'en
Guyenne, & en même-tems d'un succès plus sûr

& plus important ; qu'arrivant à l'improviste & sans être attendu, il ne trouveroit nul obstacle à son débarquement ; qu'il n'en trouveroit pas davantage dans sa marche, aussi-tôt qu'il auroit mis pied à terre, & que toutes les villes de la Province, mal fortifiées & mal pourvuës, lui ouvriroient les portes.

Edouard se rendit à ces raisons, & marcha à grandes journées vers la Normandie, il y prit & pilla Caën, brûla Louviers, s'avança jusqu'aux portes de Paris, & défit, en sortant de Poissy, les Communes de Picardie qui alloient rejoindre l'armée Françoise.

Cette expédition pensa lui coûter la perte de son Armée, qui immanquablement auroit été taillée en piece, si Philippe qui le poursuivoit avoit pu rejoindre les Anglais avant qu'ils eûssent traversé la Somme, dont ils n'auroient jamais trouvé l'endroit guéable, sans un traître qui le leur enseigna. Peu de jours après se donna la fameuse bataille de Crécy, où Philippe vit massacrer à ses yeux trente mille de ses combattans, qui, au rapport de tous les Historiens, auroient remporté la victoire sans la mauvaise disposition de l'Armée, sans la fureur aveugle du Comte d'Alençon, dont l'imprudence acheva une défaite, commencée par la lâcheté des Génois qui, sous prétexte d'une trop grande lassitude, refusérent de prendre part à l'action.

Tandis qu'Edouard jouiſſoit de ſes ſuccès, Geof-froi d'Harcourt, pénétré d'avoir vû le corps du Comte ſon frere parmi les morts, après la ba-taille de Crécy, réſolut d'aller ſe jetter aux pieds de Philippe, & vint en effet lui demander ſa gra-ce qu'il obtint.

Je vous avois promis, Madame, de vous donner une idée des malheurs de la France avant le Siége de Calais, & je crois vous avoir tenu parole. Nous voilà parvenus à cette expédition fameuſe dont M. de Belloy a fait le ſujet de ſon Drame ; je vais vous la raconter, & c'eſt par-là que je finirai mes Lettres hiſtoriques.

Edouard voulant s'aſſurer d'un Port commode qui pût en tout tems lui donner entrée dans la France, ſe préſenta devant cette Ville au mois de Septembre 1346. Jean de Vienne, qui en étoit le Gouverneur, fut ſommé par le Monarque Anglais de lui rendre la Place, ſinon que tous les habitans ſe-roient paſſés au fil de l'épée ; mais Jean de Vienne répondit qu'il ne connoiſſoit d'autre Maître que Philippe, & qu'il vivrait & mourrait à ſon ſervice. Edouard, piqué de ce refus, & déſeſpérant de ſur-prendre les Aſſiégés, réſolut de les réduire par fa-mine. En conſéquence il fit conſtruire entre la ville, la riviere de Maye & le pont, une ville en bois, &

forma une enceinte depuis cette riviere jufqu'à la Mer : les habitans de Calais de leur côté renvoyerent toutes les bouches inutiles ; mais malgré ces précautions , ces malheureux Affiégés, après avoir épuifé les alimens les plus vils , éprouverent bientôt la famine la plus cruelle. Philippe lui-même, fentant l'impoffibilité de leur donner du fecours, fe retira les larmes aux yeux , & ces infortunées victimes de leur fidélité, voyant du haut de leurs murailles le départ de leur Prince , ne fongérent plus qu'à fe rendre. Jean de Vienne demanda audience de leur part à Gauthier de Mauny , qui lui répondit que l'intention de fon Prince étoit que tous les habitans fe rendiffent à difcrétion. Cependant il ajoûta qu'il tâcheroit de l'adoucir en leur faveur, & il y travailla dans le moment même. Mais Edouard toujours inflexible réfifta avec opiniâtreté aux repréfentations du généreux Mauny , qui , plus jaloux de la gloire de fon Maître que de fa faveur , lui dit avec fermeté : *Monfeigneur , vous pourriez bien avoir tort ; car vous nous donnez un très-mauvais exemple.*

Le Roi, touché de ces derniers mots , céda enfin à fes inftances , & promit de faire grace à Calais , à condition que fix des plus notables Bourgeois de la ville viendroient dans fon camp , la tête nüe , la corde au col , & les clefs de Calais dans leurs mains , pour y être traités felon fa volonté.

Mauny revint promptement apporter cette réponfe au Gouverneur, dit M. Villaret [c'eft de lui que j'emprunterai mot pour mot ce que je vous en rapporterai : le tableau qu'il en fait m'a paru fi pathétique que celui que je vous tracerois ne pourroit être qu'une foible imitation du fien.] » Le Gou» verneur pria ce généreux Médiateur de refter afin » d'affifter à la déclaration qu'il alloit faire devant » le Peuple des Ordres du Vainqueur. Tous les habi» tans, affemblés fur la Place, attendoient la réponfe » d'Edouard avec cette inquiétude que donnent la » crainte de la mort & l'efpérance de la vie. Dès que » l'Ordre eut été public, un morne filence annonça » l'anéantiffement de tous les cœurs : ils fe regar» doient en friffonnant, cherchant avec effroi ces » fix victimes du falut public qu'ils défefperoient de » rencontrer. Ce long filence fut interrompu par » des cris entre-coupés de fanglots, de gémiffemens » & de pleurs. Jean de Vienne, leur brave Gouver» neur, guerrier intrépide fur la bréche, devenu » citoyen compatiffant, confondoit fes foupirs avec » les leurs. Mauny témoin d'un fpectacle auffi at» tendriffant ne pût retenir les larmes dont fes yeux » étoient inondés. Cependant le peu de tems ac» cordé s'écouloit, il falloit fe décider. Euftache de » Saint-Pierre. [Nom à jamais cher à la France, » Nom qui mérite d'être annoncé à tous les âges

& à l'Univers entier, l'honneur de l'Humanité dont
» la mémoire doit vivre éternellement dans les
» cœurs de tous les hommes, tant qu'il y aura de la
» vertu fur la terre] fe leva courageufement au mi-
» lieu de cette foule de citoyens défolés : *Seigneurs,*
» *Grands & petits,* s'écria-t-il, *grand méchef feroit*
» *de laiffer mourir un tel Peuple qui cy eft, par fami-*
» *ne ou autrement, quand on y peut trouver aucun*
» *moyen & feroit grande grace devant le Seigneur*
» *qui le pourroit garder. J'ai en droit moi fi gran-*
» *de efpérance d'avoir pardon envers notre Seigneur, fi*
» *je meurs pour ce Peuple fauver, que je veux être le pre-*
» *mier.* A peine eut-il ceffé de parler qu'il reçut le
» prix le plus pur de la reconnoiffance de fes Con-
» citoyens : *chacun l'alloit adorer de pitié :* ils fe prof-
» ternérent à fes pieds en l'arrofant de leurs larmes.
» Quel eft le pouvoir de la Vertu ! Jean d'Air,
» courageux imitateur d'Euftache fon coufin, vint
» fe ranger auprès de lui dans la réfolution de par-
» tager l'honneur de mourir pour la Patrie. Jaques
» & Pierre Wifant freres & parens de ces généreux
» martyrs, fe devouérent pareillement. Pourquoi
» faut-il que l'Hiftoire qui nous a tranfmis les noms
» de tant d'hommes inutiles ou funeftes au genre hu-
» main, ait négligé de nous apprendre ceux des
» deux autres victimes ? Le Gouverneur, à qui la
» foibleffe de l'âge, les infirmités & la douleur ne

» permettoient pas de fe foutenir , monta à cheval ;
» & les conduifit jufqu'à la porte de la Ville : là il
» les remit entre les mains de Mauny , en le priant
» d'intercéder pour eux auprès de fon Roi. Ils pa-
» rurent devant le Monarque Anglais & lui préfen-
» térent les clefs de la Ville. Tous les Seigneurs
» qui environnoient le Roi , ne pouvoient diffimu-
» ler la pitié & l'admiration qu'une pareille magna-
» nimité leur infpiroit : on n'entendoit autour du
» Prince qu'un murmure confus excité par la com-
» paffion générale. Edouard feul parut inflexible : il
» les regarda d'un air févere & commanda qu'on les
» conduifit au fupplice.

Ç'en étoit fait, Madame, de ces généreux Citoyens,
& la mort alloit être le prix de leur courage , fi la
Reine, époufe d'Edouard , ne fe fut alors trouvée
dans le camp. Cette Princeffe , touchée du fort &
de la valeur des dévoués , vint fe précipiter aux
genoux de fon mari , & le conjura par - tout ce
que l'honneur , l'humanité & la religion ont de plus
facré de ne pas enfanglanter les lauriers qu'il venoit
de cueillir. Ce Monarque ne put réfifter à des inftances auffi vives , pardonna aux fix dévoués , &
les remit au pouvoir de la Reine. Elle les emmena
dans fon appartement , leur fit donner des habits ,
& les renvoya fous l'efcorte la plus fure.

Tel eft fur nous , Madame, le pouvoir d'un fexe

que nous idolâtrons ; maîtres de nos paſſions & de tous les ſentimens de notre ame, il ſait nous gouverner à ſon gré ; heureux quand nous ne lui cédons, comme Edouard, que pour notre gloire & pour le bien de nos ſemblables !

Edouard, dès le lendemain, prit poſſeſſion de ſa nouvelle conquête, ordonna aux Bourgeois de Calais d'évacuer la ville, & la repeupla d'Anglais, qui y accoururent de tous les côtés, ſéduits par les avantages que ce Monarque leur propoſoit. Il en fit l'entrepôt des laines, des cuirs, de l'étain & du plomb, les ſeules marchandiſes du Royaume que les Etrangers recherchaſſent. Les Anglais, devenus maîtres de Calais en 1348. en reſtérent poſſeſſeurs juſqu'en 1558. que François de Guiſe leur enleva cette clef du Royaume : c'eſt à tort que Froiſſard & le Continuateur de Nangis ont prétendu que les infortunés Habitans de cette ville n'eurent aucune récompenſe de leur fidélité, & qu'on les vit errans dans les Provinces de la France, languir dans la miſere la plus affreuſe ; il eſt certain au contraire que le Roi en répandit une partie dans les villes d'Artois & de Picardie, & qu'il ordonna que tous fuſſent pourvus des Offices vacans dans ſon Royaume, juſqu'à ce que chacun d'eux fût dédommagé de ſes pertes, & cela pour le prix de la fidélité qu'ils avoient gardée à leur Roi.

Après la priſe de Calais, le Cardinal de Boulogne fit conclure une Trève entre les deux Puiſſances qui, à différentes repriſes, fut prorogée juſqu'à la fin du regne de Philippe.

La Victoire, qui ſembloit ſous Valois être pour jamais attachée au Char d'Edouard, ne lui fut pas auſſi fidele dans la ſuite, j'en excepte ces tems d'éclat, où, après la célébre bataille de Poitiers, il retint le Roi Jean priſonnier en Angleterre, ces tems, où renouvellant toutes ſes prétentions à la Couronne de France, il vint mettre le Siége devant Rheims ; ces tems, où après avoir ravagé la Champagne, la Bourgogne, le Nivernois., la Brie & le Gâtinois, il parut pour la ſeconde fois aux Portes de Paris, & donna enfin la Paix à la France, par un Traité conclu à Bretigny le 8 Mai 1360. Par cette Paix il fut ſtipulé que Jean recouvreroit ſa liberté & payeroit pour ſa rançon trois millions d'écus d'or, en differens payemens, ce qui revient à 1500000 livres de notre monnoye préſente ; qu'Edouard renonceroit pour toujours à ſes prétentions ſur la Couronne de France & ſur les Provinces de Normandie, du Maine, de la Touraine & de l'Anjou, poſſédées par ſes ancêtres ; qu'il recevroit en échange le Poitou, la Xaintonge, l'Agénois, le Périgord, le Limoſin, le Quercy, le Rouergue, l'Angoumois & d'autres Départemens dans ces Cantons, avec Calais, Guines, Montreuil & le Comté de Ponthieu ; que la
pleine

pleine Souveraineté de toutes ces Provinces , auffi bien que celle de la Guyenne , appartiendroit à la Couronne d'Angleterre , & que celle de France renonceroit fur elles à tout droit de Jurifdiction féodale de foi & hommage & d'appel ; que le Roi de Navarre rentreroit dans tous fes honneurs & fes biens ; qu'Edouard romproit fa Confédération avec les Flamands , & Jean fes liaifons avec les Ecoffais ; que les difcuffions au fujet de la fucceffion de la Bretagne entre les Maifons de Blois & de Montfort , feroient décidées par des Arbitres que les deux Rois nommeroient ; & que fi les Compétiteurs refufoient d'acquiefcer au Jugement , cette conteftation ne feroit plus le fondement d'une guerre entre les deux Couronnes ; enfin que quarante Otages , tels qu'on en conviendroit , feroient envoyés en Angleterre , comme fûreté de l'exécution de ces articles.

A peine Charles V fut-il monté fur le Trône de France , qu'il viola le Traité de Bretigni , & fit plufieurs conquêtes , aidé de Duguefclin. Edouard piqué de cette infraction , menaça de livrer à la mort les ôtages Français qui étoient en fa puiffance , mais il renonça à cette vengeance & fe contenta d'envoyer du fecours en Gafcogne , où Charles avoit porté la guerre ; mais la fortune n'étoit plus la même pour lui , & toutes fes tentatives par mer & par terre

devenues infructueuſes, il fut contraint de conclure
une Trève avec l'Ennemi , après avoir perdu toutes
ſes anciennes poſſeſſions en France , excepté Bour-
deaux & Bayonne , & toutes ſes conquêtes, excepté
Calais. Ces pertes furent ſuivies de la décadence de
ſon autorité dans l'intérieur de ſon Royaume , &
les remontrances hardies du Parlement, l'inconſtance
de ſon peuple lui firent ſentir le foible cas que ſa nation faiſoit des conquêtes qui lui avoient couté tant
d'argent & tant de ſang. Cette révolution ſubite le
rendit tout différent de lui-même , & ce Monarque ,
qui pendant la vigueur de ſon âge ne s'étoit occupé
que de ſa gloire & de ſes projets , ne ſongea plus
dans ſa vieilleſſe qu'à ſe livrer à ſes plaiſirs. Privé du
Prince de Galles qui mourut à la quarante-ſixiéme
année de ſon âge, il ne lui ſurvécut qu'un an & rendit le dernier ſoupir le 23 Juin 1377 , âgé de 65
ans , & la 51e de ſon regne.

Le ſoin que j'ai pris, Madame, de vous caracteri-
ſer Edouard, d'après tous les Hiſtoriens que j'ai con-
ſultés, afin de vous faire mieux voir comment M. de
Belloy l'a ſaiſi , ne me permet pas de vous laiſſer
ignorer ce qu'en dit M. Hume dans ſon hiſtoire de la
Maiſon de Plantagenet traduite par Madame Bellot.

» Les Anglais , dit-il , ne ſe retracent l'hiſtoire
» d'Edouard qu'avec un ſentiment paſſionné , & re-

» gardent son regne comme le plus glorieux, ainsi
» qu'un des plus longs de tous ceux dont les Anna-
» les de leur Nation leur ont transmis la mémoire.
» L'ascendant qu'ils commençoient alors à prendre
» sur la France, l'ennemi & le rival de l'Angleterre,
» leur fait jetter les yeux avec complaisance sur cette
» époque, & applaudir à toutes les mesures qu'E-
» douard prit pour parvenir à ses fins à l'égard de
» ce grand objet d'ambition. Mais l'administration
» intérieure de ce Prince est réellement plus admi-
» rable que ses victoires sur l'étranger. L'Angleterre
» dut à la sagesse & à la vigueur de son gouverne-
» ment le bonheur de jouir d'un plus long intervalle
» de paix & de tranquilité domestique, qu'elle n'en
» a eu pendant plusieurs siécles avant & après lui. Il
» captiva l'affection des Grands, & cependant il ré-
» prima leur licence : il leur fit sentir son pouvoir
» sans qu'ils osâssent ni même qu'ils voulûssent en
» murmurer. Ses manieres affables & obligeantes, sa
» bienfaisance & sa générosité leur firent chérir sa
» domination ; sa valeur & sa prudence assurérent
» leurs succès dans la plûpart des expéditions mili-
» taires ; & leur génie inquiet, dirigé contre l'enne-
» mi de l'État ; n'eut pas le loisir de fomenter ces
» dissentions intestines auxquelles ils penchoient si
» naturellement, & que la forme du Gouvernement

» fembloit favorifer fi fort. Ce fut ce qui réfulta
» de plus avantageux des Victoires & des Conquê-
» tes d'Edouard. Les Guerres qu'il entreprit n'eu-
» rent d'ailleurs ni la juftice pour bafe , ni l'utilité
» pour objet. Ses tentatives contre le Roi d'Ecoffe ,
» Prince mineur & fon beau-frere , & la réclama-
» tion du droit de fupériorité fur ce Royaume que
» fon Ayeul avoit voulu s'arroger , étoient à la fois
» déraifonnables & peu généreufes. En fe laiffant
» féduire trop inconfidérement par la perfpective
» brillante de la Conquête de la France , il fe laiffa
» détourner de l'acquifition de l'Ecoffe qui étoit
» praticable , & qui pouvoit réellement, s'il y fut
» parvenu , être d'une utilité conftante à fes Suc-
» ceffeurs & à fa Patrie. Le fuccès de fes armes
» dans ce Royaume , quoiqu'il fut principalement
» l'ouvrage de fes talens fupérieurs , étoit inefpé-
» ré ; cependant par la nature même des chofes &
» non par aucun accident imprévu ; ce Prince n'en
» tira , même pendant fa vie , aucun avantage fo-
» lide.

Pour Philippe , il mourut le 22 Août 1353.
dans la cinquante-feptiéme année de fon âge , &
dans la vingt-troifiéme de fon régne. Mezeray le
peint comme un Prince très-dur envers fon Peuple, foupçonneux , vindicatif, & fe laiffant trop emporter à l'impétuofité de fa colere. Ce n'étoit ce-

pendant pas ainfi qu'il en avoit ufé dans les premiers tems de fon regne ; mais fon âge & fes malheurs avoient fans doute alteré fon caractere. Il
eut pour Succeffeur Jean , qui moins heureux encore que lui , éprouva les difgraces les plus terri-
bles.

Ce feroit abufer de votre complaifance , Madame , de vous en écrire plus long fur cet article ;
ce que j'ai eu l'honneur de vous dire de la France
& de l'Angleterre fuffit pour vous donner une idée
de ces deux Etats avant ce Siége fameux , qui fait
le fujet de la Tragédie , dont j'aurai l'honneur de
vous entretenir dans ma premiere Lettre.

LETTRE IV.

Onfieur de Belloy, Madame, étonné avec raifon, que parmi nos Auteurs Tragiques il ne
s'en foit pas trouvé un feul qui ait ofé hazarder fur
la Scène un fujet Français, a conçu le deffein de
faire ce que l'on n'avoit point encore fait, & l'a
heureufement exécuté. La Couronne de France,
difputée à Philippe par le Monarque Anglais, la
politique de ce même Monarque, le courage & la
fermeté des Citoyens de Calais, leur dévouement à
la mort pour le falut & la gloire de leurs Concitoyens; tout cela lui a paru digne de fixer les yeux
de la Nation, & le fuccès le plus brillant a juftifié
fes vues.

Jamais peut-être on n'avoit vû au Spectacle un
concours auffi nombreux que celui que cette Tragédie a procuré aux Comédiens Français, trop
longtems abandonnés pour des Spectacles frivoles,
& dont le faux brillant n'a rien qui puiffe intéreffer ni le cœur ni l'efprit. Mais refpectons le
goût du Public, Madame, & revenons au Siége
de Calais. Conftamment fuivi & conftamment applaudi, il a mérité à fon Auteur, l'amitié, l'eftime
& la confidération de tous les cœurs vraiment Fran-

çais, il lui a valu le titre glorieux de Citoyen de Calais ; mais le prix le plus flatteur, sans doute, qu'il en a reçu, ce sont les bontés dont il a été accablé par un Roi, l'Amour & le Pere de ses Sujets. Que ce Monarque heureux & adoré de son Peuple juge de l'attachement que nous avons pour lui par l'enthousiasme que nous a inspiré cette Tragédie. Entrons dans quelques détails, Madame, & je tâcherai de vous en faire une courte analyse. Afin de ne point en interrompre le fil, je vous citerai peu de vers, & je ne vous parlerai des Morceaux remarquables que dans la Lettre suivante.

Les Acteurs de cette Pièce sont :

EDOUARD III. *Roi d'An-*
gleterre ,   M. le Kain.

GODEFROI D'HARCOURT ,
l'un des Généraux de l'Armée An-
glaise ,   M. Molé.

ALIÉNOR , *Fille du Comte de*
Vienne , Gouverneur de Calais ,   Mlle. Clairon.

MAUNI , *Chevalier Anglais ,*   M. Dubois.

LE COMTE DE MELUN ,
Chevalier Français ,   M. Dauberval.

EUSTACHE DE SAINT-
PIERRE , *Maire de Calais ,*   M. Brifart.

AURELE , *son Fils ,*   M. Fromantin.

AMBLETUSE, *Bourgeois de Calais ,* M. Paulin.

UN OFFICIER ANGLAIS ,   M. Lamery.

UNE TROUPE DE CHEVALIERS
ANGLAIS.

UNE TROUPE DE BOURGEOIS
DE CALAIS.

UN HÉRAULT D'ARMES.

GARDES D'ÉDOUARD.

ACTE PREMIER.

MOnſieur de Belloy dans le premier Acte ſuppo-
ſe que les Anglais & les Aſſiégés en ſont venus aux mains , & fait paraître Euſtache de Saint-
Pierre, qui gémit avec Ambiétuſe d'être retenu dans
la Ville par les ordres du Comte de Vienne , tandis
que ce même Comte de Vienne eſt alié mêler ſon
ſang à celui de ſes Concitoyens. Ambiétuſe le con-
ſole en lui parlant du jeune Aurele ſon fils , qui , devenu un des plus fermes appuis de Calais , ſe dif-
tingue dans l'attaque. Cette idée flatte ce reſpectable vieillard ; mais lorſqu'il ſe rappelle les Fortifications impénétrables du Camp d'Édouard , le génie & la valeur intrépide de Godefoi d'Harcourt ,
le feu effrayant du canon , dont on ne connoiſſoit
point encore l'uſage , il s'inquiéte , s'afflige , verſe
des larmes ſur ſa Patrie , & prévoit les ſuites funeſtes
d'un combat que l'inégalité des forces ne rend que
trop douteux.

Ses ſoupçons ſe trouvent malheureuſement con-
firmés , & Aliénor , ſoutenue par ſes femmes , vient,
au moment même , annoncer à Euſtache que les
Français ſont vaincus, que le Comte de Vienne eſt
dans les fers d'Edouard , & qu'Aurele lui-même eſt

dangereusement blessé. Eustache, à cette affreuse nouvelle, pénétré du chagrin le plus vif, sent renaître tout son courage & veut aller rassembler les restes infortunés des combattans ; lorsqu'Aliénor, qui a vû toute l'action du haut des remparts, lui assûre qu'Aurele a déja pris ce soin malgré sa blessure. Elle tremble qu'Edouard, qui se regarde comme le légitime Souverain de la France, & qui en conséquence traite Valois d'Usurpateur, ne se serve de ses droits prétendus pour traiter son Pere en Sujet rebelle : Eustache lui fait entendre qu'il est de l'intérêt d'Edouard de ménager l'esprit des Français, mais que quand même il en agiroit autrement, elle trouveroit un ami dans le Comte d'Harcourt. Aliénor frémit à ce nom, dédaigne l'appui de ce Sujet perfide à son vrai maître, & rougit de l'amour qu'il lui avoit inspiré, lorsque fidéle à Valois il sacrifioit ses jours pour la France, dont il est devenu l'ennemi le plus redoutable.

Ici paraît Aurele, qui, reçu de son Pere avec transport, lui témoigne l'envie qu'il a de verser le reste de son sang pour sa Patrie ; celui qu'il a déja perdu, le contraint de s'asseoir, & le généreux Eustache attendri par la présence de ce jeune Héros, l'arrose de ses larmes paternelles.

Le reste de l'Acte est rempli par les Chefs du Peuple qui viennent consulter le Maire sur ce qu'ils doivent faire dans les circonſtances malheureuſes où ils ſe trouvent réduits. Euſtache leur retrace tout ce qu'ils ont ſouffert depuis un an qu'Edouard les tient aſſiégés , leur fait le tableau de tous les malheurs dont les ont accablés & la conſtance des Aſſiégeans , & la famine plus horrible que le trépas même ; mais il eſt obligé de leur laiſſer entrevoir qu'ils ſont dans la triſte néceſſité de ſe rendre , & qu'il s'y réſoudroit , pour conſerver leurs jours ; ſi l'ambitieux Edouard , au mépris du ſerment qu'ils ont fait à Valois , ne prétendoit les forcer à le reconnoître pour leur légitime Souverain.

Plûtôt que d'y conſentir , reprend vivement Aliénor , réduiſons notre ville en cendre , enſeveliſſons-nous dans ſes flâmes , & que Harcourt meure de honte & de déſeſpoir , à la vue du bûcher qui nous aura conſumés. Aurele eſt enchanté de ce projet ; mais Euſtache plus prudent , veut que l'on propoſe à Edouard de lui abandonner Calais & toutes ſes richeſſes , pourvu qu'il permette aux Citoyens de ſortir & d'aller ſe ranger ſous les drapeaux de Valois. Cette propoſition eſt acceptée ; Amblétuſe eſt député vers Edouard , & l'Acte finit.

ACTE II.

CE que je vous ai dit du premier Acte, Madame, a dû vous donner une idée de la Piéce, & vous faire connaître la mâle fermeté des Habitans de Calais, malgré les calamités qu'ils avoient essuyées, & celles qui les menaçoient encore. Dans la premiere Scène du second Acte, vous verrez le Comte d'Harcourt, qui, défefpéré d'avoir été le Tyran de fa Patrie, & de fe voir l'objet de la haine & de l'indignation d'Aliénor dont il a caufé les pleurs, vient de la part du Vainqueur la raffurer fur le fort du Comte de Vienne. Aliénor paroît en effet, frémit à la vue d'un Amant qu'elle doit haïr, mais qu'elle aime encore, lui demande des nouvelles de fon Pere, & veut fe retirer auffi-tôt : Harcourt fe précipite à fes pieds, veut fe percer de fon épée, fi elle ne l'écoute & la retient. Ce Héros, accablé de remords, lui peint dans les termes les plus forts tout le repentir qu'il a de fa perfidie, & n'ofe lever les yeux fur fon Amante, dont les reproches fanglans lui font fentir l'horreur & l'énormité de fa faute : attendrie par les regrets de ce Héros, qu'elle voudroit pouvoir aimer ; elle fe flatte qu'il rentrera encore dans fon devoir, mais elle n'ofe fe livrer à cette douce efpérance. Cette Scène, l'une des plus vives & des plus intéreffantes de la Piéce eft interrompue par l'arrivée des Citoyens de Calais accompagnés de Mauny, qui vient leur apporter la réponfe d'Edouard, & leur annoncer que le Vainqueur pardonne aux Habitans, mais qu'il condamne au glaive des bourreaux, fix des plus notables de la Ville. Euftache, Aliénor, Aurele, Harcourt lui-même frémiffent de cette réponfe, & en reviennent au projet qu'ils avoient conçu de mettre le feu à la Ville. Amblétufe s'y oppofe, veut raffembler le refte des Caléfiens, aller à leur tête attaquer les Anglais dans leur camp, & mourir en immolant à leur défefpoir tout ce qui fe préfentera à leurs yeux. Aliénor adopte ce projet, forme la réfolution d'armer toutes les femmes & d'aller avec elles embrafer les tentes ennemies, des mêmes flambeaux qui leur ferviront à embrafer la Ville.

Non, reprend Euftache, je ne fouffrirai point que ce Peuple entier fe facrifie, tandis que fix d'entre-nous peuvent le fauver, dans cette affreufe extrémité :

. . . . Il eft un choix permis,
Je livre le premier ... Moi-même.

AURELE, *vivement.*

Et votre Fils.

EUSTACHE.

Oui, tu dois partager la gloire de ton Pere.

Ce moment, Madame, eſt de la plus grande beauté, & a produit avec raiſon l'impreſſion la plus vive.
Euſtache auſſi - tôt va remettre ſon épée dans les
mains d'un Ecuyer de Mauny, Aurele le ſuit, &
tous les Chefs des Citoyens veulent en faire autant;
mais Euſtache leur repréſente que le reſte du Peuple a des droits légitimes pour être admis à ce concours. Ce ſecond moment me paroît auſſi admirable que le premier : quel eſt le Français, qui en
voyant cet exemple ne ſe dévoueroit pas pour ſon
Roi & pour ſa Patrie ! Mauny en eſt frappé, étonné, confondu, & regarde d'un œil d'envie un Peuple, parmi lequel il voudrait être né : déſeſpéré de
l'inflexibilité d'Edouard, il craint qu'Harcourt, qui
eſt parti pour demander la grace des Aſſiégés, ne
l'aigriſſe au lieu de l'adoucir, ſe promet de ne rien
épargner pour le toucher, & finit l'Acte en preſcri-
vant à Aliénor d'attendre Edouard, que peut-être
ſes ſoins & ſes prieres pourront rendre moins cruel :
mais Aliénor jure d'être toujours la même, & de ne
racheter la vie des ſix victimes que par des actions
dignes d'elle & de ſes Concitoyens.

ACTE III.

CE vainqueur ambitieux, ce maître terrible & absolu que l'on vous a annoncé dans les deux premiers Actes, Madame, paroît enfin dans la premiere Scene du troisiéme, laisse épanouir toute la joie qu'il ressent de se trouver après tant de travaux dans un port qui lui ouvre l'entrée de la France, charge un Chevalier Anglais d'aller porter à Londres la nouvelle de son triomphe, renvoye sa suite & ne garde que le Comte d'Harcourt, aux yeux duquel il déploye l'envie impatiente qu'il a de regner sur la France. Je n'ai reconnu que malgré moi, lui dit-il, les droits de Valois sur cette partie de l'Europe, & je ne lui ai rendu qu'avec peine un hommage que jai toujours désavoué dans le fond de mon cœur. Que son peuple est différent du mien ! de quel éclat & de quelle autorité ne jouit pas Valois sur son trône, tandis que renfermé dans mon Isle orageuse, je me vois environné de sujets que l'amour de la liberté rend pour ainsi dire les maîtres de leur Souverain, sujets orgueilleux, autorisés & soutenus par un Sénat, qui au mépris du diadéme, osa dégrader la dignité de mon pere & le charger de fers.

Telles sont, Madame, les premieres nuances que

M. de Belloy donne du caractere d'Edouard , fui-
vons-le jufqu'à la fin , & vous verrez fi le portrait
qu'il en fait, reffemble à celui que je vous ai tracé
d'après les Hiftoriens. Ce Monarque aime les Français & veut les traiter avec barbarie. Harcourt le lui
reproche & ce vainqueur juftifie fa conduite, ou du
moins prétend la juftifier, d'après l'ingratitude d'un
peuple dont il ne veut, dit-il , fe rendre le maître
que pour en être le pere. Raifonnement abufif, Madame , faux prétexte , imaginé par un fier Conquérant, jaloux de l'Empire des lys & furieux de ne pas
voir à fes pieds une Nation idolâtre de fes légitimes
Souverains. Quoi qu'il en foit , il réfifte à toutes les
follicitations du Comte d'Harcourt , qui n'épargne
rien pour l'engager à la clémence : Mauny lui améne
les fix victimes chargées de chaînes : Edouard les
confidere & les admire malgré lui, s'irrite de leur
vertu même , & jure leur perte.

Harcourt,au défefpoir, fait fes derniers efforts pour
l'attendrir : vous m'avez , dit-il , laiffé le choix du
prix dû à mes fervices , je réclame votre parole &
je vous demande la vie de ces braves Citoyens. J'ai
trahi ma patrie , je commandois au bras qui a percé
le fein de mon frere , je l'ai vu expirer fous mes
yeux , cette idée me fait frémir , mes remords me
déchirent & m'accablent , & fi je n'obtiens la récom-
penfe que je follicite , je m'exile moi-même , & je
vais

vais chercher le trépas dans les guerres de la Palef-
tine. Si je vous accordois la grâce que vous me de-
mandez, répond Edouard, ce feroit un nouveau titre pour vous enchaîner à mon fervice. Ne la méri-
tez pas reprend Euftache.

> » Ne la méritez pas. Votre noble remord,
> » S'il vous rend à mon Roi, paye affez notre mort.

Edouard ordonne qu'Euftache & fes compagnons
foient remis en prifon & demande Aliénor qu'il
veut rendre l'arbitre des deftins de la France & de
ceux d'Harcourt. Aliénor paroît & refte feule avec
Edouard, qui employe toute la fineffe de fon efprit
pour la féduire & la ranger de fon parti. Il la tente
du côté de l'ambition, en lui offrant de faire Conné-
table le Comte de Vienne fon pere : il la tente du
côté de l'amour, en lui propofant de donner la
Vice-Royauté de France à Harcourt, dont elle de-
viendra l'époufe ; mais à cette perfpective brillante,
Aliénor n'oppofe que des refus. Edouard voyant
combien il eft inutile d'employer la féduction vis-à-
vis d'Aliénor, tâche de la perfuader & de la convain-
cre de la légitimité de fes droits fur le trône de France. C'eft à cette occafion qu'il lui parle de la Loi Salique qu'il lui repréfente comme injurieufe & outra-
geante à fon fexe. Aliénor réfute toutes fes raifons
& lui donne la définition de cette même Loi, défi-

D

nition faisie adroitement & faite pour flatter la Nation : je vous la citerai dans la lettre fuivante. Vous
jugez bien, Madame, que tant de réfiftance ne fert
qu'à irriter une ame aufli emportée que celle d'E-
douard, aufli menace-t-il Aliénor de la rendre ref-
ponfable de la vie des fix dévoués ; mais qui fait réfifter avec force à la féduction, fait braver les mena-
ces, & Aliénor n'eft point intimidée de celles de fon
vainqueur. Je ne peux changer lui dit-elle :

» . . . . Ces braves Citoyens
» Qui mourant pour l'État, en font les vrais foutiens,
» Savent qu'à leur grand cœur, mon ame porte envie,
» Et ma gloire n'eft pas la rançon de leur vie,
» Plus qu'eux-même, il eft vrai, leur mort me fait frémir ;
» Je verrai leur courage, il pourra m'affermir.

D'après cette réponfe, les ordres étoient donnez,
Madame, & l'échaffaut alloit être dreffé, lorfque
l'on voit paroître Harcourt, qui preffé par Aliénor
de défendre les jours de fes Concitoyens, fait de
nouveaux efforts fur le cœur d'Edouard, tandis
qu'elle va dans l'armée du vainqueur chercher des
protecteurs auxquels il cedera malgré lui.

Aliénor a refufé mes offres & mes bienfaits, dit
Edouard à Harcourt. Elle l'a dû, Seigneur, lui répond celui-ci, & je vous le répete encore, le feul
prix digne de mes fervices eft la grace que je vous ai
déjà demandée ; & vous, Seigneur, ou vous n'étes

plus le même , ou vous verferez des larmes fur la
mort de ceux que vous condamnés en les admirant.

  Non, non [c'eft Edouard qui parle] ce n'eft point
en voulant me quitter que vous deviez efperer de me
fléchir.

  » Avec plaifir je perds ces malheureux,
  » Puifque c'eft vous, ingrat, que je punis fur eux.

Ingrat, reprend vivement Harcourt.

  » Qu'ai-je reçu pour prix de mes fervices !
  » J'afpire à vous fauver d'horribles injuftices.
  » Écoutez ma priere & c'eft vous acquitter.
  » Vos reproches cruels me forcent d'ajoûter
  » Qu'en défendant, Seigneur , ces illuftres victimes ,
  » Sur elles, près de vous, j'ai des droits légitimes ;
  » Si je n'euffe vaincu dans les champs de Creci ,
  » Auriez-vous une grace à refufer ici ?

  Vous vous attendez , Madame, à un nouvel emportement de la part d'Edouard, & vous avez raifon.
C'en eft trop, dit-il, en fortant :

  » Réprimez cette audace importune.
  » Vous avois-je mandé , lorfque votre infortune
  » Vint par mes prompts fecours relever fes débris ?
  » Vos fervices dès lors font des devoirs remplis.
  » Votre fang appartient au véritable maître
  » Qu'un ferment libre & faint vous force à reconnaître.
  » Je le fuis ... & je fçais contraindre au repentir
  » Ceux de qui l'infolence en perd le fouvenir.

D ij

Ce raisonnement est spécieux, Madame, il est digne d'Edouard & embarrassant pour Harcourt : aussi garde-t-il le plus profond silence qui le conduit à des réflexions bien justes dont je vous ferai part, & par lesquelles il termine le troisieme Acte.

ACTE IV.

LEs trois premiers Actes ainsi que le cinquieme se passent dans la Salle d'Audience du Palais du Gouverneur, & celui-ci dans la prison qui est un souterrein du même Palais. Transportez-vous-y, Madame, & vous y verrez Eustache, son fils & les quatre autres bourgeois destinés à assouvir la vengeance du vainqueur.

Après quelques réflexions sur le lieu dans lequel ils sont renfermés, sur le sort qui les attend, & sur la gloire dont un si beau trépas va les couvrir, Maury vient apporter à leurs pieds les hommages de tous les Chefs de l'armée Anglaise, qui y seroient venus eux-mémes, s'ils n'avoient craint de déplaire à leur Maître. Le sort des prisonniers peut encor changer, la Reine épouse d'Edouard, s'intéresse en leur faveur & ses prieres les rendront peut-étre à la vie : espérance trop légérement conçue, & qui bientôt se trouve détruite par l'arrivée d'Aliénor à qui l'on n'accorde que ce moment , pour faire fes adieux aux prifonniers. Les follicitations du jeune Prince , fils du Conquérant , les larmes de fon époufe n'ont rien obtenu ; Harcourt évite la préfence de fon Amante , l'échaffaut eft dreffé , les haches font toutes prêtes , le facrifice va s'accomplir : Mauny fe fent indigné de tant de réfif- tance , & va , dut-il étre difgracié, trouver Edouard lui-même. Euftache veut en vain l'arrêter : je ne puis rien entendre , lui répond ce brave Anglais.

» Le danger , quel qu'il foit , eft moins preffant pour vous.
» Il vous couvre de gloire & la honte eft pour nous.

Aliénor , défefpere du fuccès auprès d'un Monar- que aigri par fes refus , par les inftances du Comte d'Harcourt , par les murmures même des Anglais , qui fe plaignent tout bas des rigueurs de leur Roi.

Jufques-là , Madame , on n'avoit point entendu parler du Comte de Vienne , le Prince de Galles , touché de fon fort , lui a ménagé une retraite , & il s'eft rendu auprès de Valois , qu'il inftruira du péril des héros de Calais , bien fûr que ce Prince le pere de fes fujets , rachetera leur vie , dut-il céder une province entiére.

O puiffance célefte ! s'écrie Euftache , infpirez mieux mon Maître. Ma mort eft néceffaire à l'État . la France , qui fe croit déchue de fa gloire , a befoin

d'un grand exemple qui lui rende cet heroïfme &
cette mâle fermeté , que nos ayeux nous ont infpirée.
La mémoire de notre trépas, ajoute Amblétufe, fer-
vira à réveiller le courage des François, fi jamais ils
en ont befoin. L'inftant avance , & un Officier Anglais vient avertir Aliénor que l'arrêt eft figné. Son
cœur fe déchire, elle fait à fes Concitoyens les adieux
les plus triftes , & elle fe retire. Eux-même volent
à l'échaffaut, Harcout les arréte. Aurele eft libre ,
un autre s'eft dévoué pour lui , l'échange eft ac-
cepté & il peut partir.

Et quel eft donc celui, demande avec tranfport &
fureur le jeune Aurele :

  » Quel eft celui, dont l'injufte vertu
» S'offrant pour me fauver ? ...
   SAINT-PIERRE.
     » Eh le méconnais-tu ?
» C'eft Harcourt !

C'eft lui-même en effet, Madame : tout ce que
l'on peut employer de raifonnement , de force &
d'éloquence eft mis en ufage dans cette Scene de la
part d'Harcourt, pour faire accepter cet échange à
Aurele, qui de fon côté le refufe avec toute la fermeté & l'héroïfme dont il eft capable. Harcourt
confondu n'a rien à répondre & les victimes font
conduites au fupplice.

ACTE V.

QUITTEZ, Madame, la prison où vous étiez renfermée avec Euſtache, & revenez avec Edouard dans la Salle d'Audience du Palais. Ce Monarque a fait quelques réfléxions ſur le ſort des ſix victimes qui reſpirent encore, & veut ſéduire le Maire, convaincu qu'il ne peut gagner le cœur des Français que par la clémence : je ne ſais ſi cette ſéduction eſt bien digne d'un Souverain, mais du moins elle peut aller au caractére d'Edouard. Euſtache eſt amené, & le vainqueur employe, vis-à-vis de lui, les mêmes armes dont il s'étoit ſervi vis-à-vis d'Aliénor. Le fruit qu'il en retire eſt égal.

» Et comptez-vous pour rien   *(dit Euſtache.)*
                La foi pure & ſacrée,
» Qu'à Valois votre bouche & la mienne ont jurée ;
» Mon cœur la gardera juſqu'au dernier ſoupir,
» Je n'ai pas, comme vous, le droit de la trahir.
» Dieu ! que la politique avilit la couronne !
» Que la probité ſimple honorera le trône !
» Valois de ſes ſermens ne ſait point s'affranchir :
» Trompé par ſes rivaux, eſt-ce à lui d'en rougir.
» Eh comment à mon Roi deviendrois-je infidele,
» Quand j'ai, devant les yeux, ſes vertus pour modele !

Cette réponfe étoit faite , pour piquer Edouard : indigné en effet de fe voir accablé par la grandeur d'un fimple fujet, il l'envoye à la mort, & Saint-Pierre y alloit, lorfqu'un Herault d'Armes vient, de la part de Valois , propofer à Edouard le cartel , dont je vous ai parlé dans mes Lettres Hiftoriques. C'eft à cette condition qu'il le prie d'épargner le fang de fes fujets. Le vainqueur accepte le défi avec tranf-port ; ordonne que l'on brife l'échaffaut & promet de fe rendre au camp Français, lorfque Philippe aura pris l'heure du combat. Mais bientôt le Comte de Melun , fur le cri de toute l'armée Françaife, vient défavouer le deffein de Philippe.

» Le Roi maître de tout l'eft-il de fa perfonne?
» Peut-il à d'autres Rois tranfporter fa couronne,
» Aux mains de l'étranger l'expofer aujourd'hui ?
» La loi, qui fait le Prince, eft au-deffus de lui.
» Quand vous immoleriez Philippe & fes fils même;
» Vainement votre front attend fon diadême ,
» Tout le fang des Capets coula-t-il par vos coups,
» Le dernier des Français a des droits avant vous ?

Tous ces morceaux font très beaux , Madame; mais je ne puis m'empécher de m'étonner qu'un Monarque , auffi fier qu'Edouard, fouffre depuis fi long-tems de la part de tout le monde de pareilles ré-ponfes fans fe venger enfin fur les fix victimes.

Tandis que le Comte de Melun entretenoit Edouard , Harcourt avoit ouvert à Euſtache les portes de ſa priſon , & l'avoit renvoyé à Philippe , en l'aſſurant que ſa rançon étoit payée , ainſi que celle de ſes cinq compagnons. Il vient lui-même l'annoncer à Edouard ; Aliénor , à cette nouvelle , ſent renaître toute ſa tendreſſe pour Harcourt & lui rend un cœur qu'elle lui avoit ôté. Mais Edouard eſt furieux , & prononce, en dernier reſſort, l'arrét d'Euſ-tache , qui , ayant appris en chemin que ſa rançon n'avoit pas été effectivement payée , revient pour la ſeconde fois ſe dévouer à la mort. Harcourt veut les y accompagner & partager leur ſupplice. Aurele fré-mit pour ſon reſpectable pere , ſe retourne , ſe jette aux pieds d'Edouard , & l'attendrit par l'image de ſon pere [celui d'Edouard] qu'il lui repréſente chargé de fers & prêt d'être percé du glaive fatal : ſi vous euſſiez, ajoute-t-il , imploré ſon juge en ſa faveur , & que ce juge eut été infléxible à vos larmes :

» Si l'on vous eut couvert de ſon ſang paternel !
» Vous futes malheureux & vous êtes cruel !

Je vous vois d'ici , Madame , verſer des larmes ſur nos ſix héros , ceſſez de les répandre , Edouard eſt fléchi , la grace eſt accordée , & Harcourt dégagé de ſa parole eſt rendu à lui-même & à la France. Les ſix bourgeois ſerviront d'otages , & ſeront les gages de la paix. Edouard ſe promet de leur faire regretter de ne l'avoir pas eu pour maître. Mais Euſtache , au nom de la France , lui répond du reſpect & de l'éſtime de ſes compatriotes, & non des regrets qu'il prétend leur inſpirer.

Malgré tout le plaiſir que j'ai à m'entretenir avec vous , Madame , je ſens que j'ai beſoin d'un moment de repos, & je vous demande grace juſqu'à demain.

J'ai l'honneur d'être &c.

LETTRE V.

IL y a des gens , Madame , qui n'ont jamais rien
applaudi , parce qu'ils prétendent n'avoir jamais
rien trouvé de bon : que je les plains ! & qu'ils méritent de l'être ! J'ai vû un Poëte , Auteur de trois
ou quatre Tragédies faites , jouées & publiées *in-
cognito* , méprifer *Alzire* , *Semiramis* , *Mérope* , & fe
vanter d'en faire autant en quinze jours. Je crus
m'appercevoir qu'il ne raifonnait ainfi que par le
dépit qu'il avoit de n'avoir pas mis ces chef-d'œuvres au jour , je le lui fis fentir , & fon orgueil outragé ne me l'a jamais pardonné. Un Critique de cette
efpéce , jaloux du bruit que faifait le Siége de
Calais , & des honneurs qu'il a valus à M. de Belloy
s'en eft vengé en difant dans le monde beaucoup de
mal de la Pièce & de l'Auteur. On lui a répondu par
ces deux vers :

D'un Auteur Citoyen vouloir flétrir l'honneur,
C'eft montrer de l'efprit aux dépens de fon cœur.

Après une Épigramme auffi peu flatteufe , croyez-
vous qu'il me foit permis de vous obéïr , & de vous
envoyer , comme vous l'exigez , mon fentiment fur
le plan , la marche & le dénouement du Siége de

Calais ? Oui , fans doute , je le puis ; vous favez avec quel enthoufiafme je chéris ma Patrie & mon Roi , vous favez , & je le répéte avec toute la fermeté d'un Saint-Pierre ou d'un Aurele , que s'il falloit donner fon fang pour lui , le mien couleroit le premier. D'après cette proteftation , dictée par la Vérité , je ne craindrois point l'application des deux vers, quand même il m'échapperoit quelque critique fur l'Ouvrage de M. de Belloy ; mais ce font des vues, Madame , que je vous propoferai , & non un jugement que je porterai. Le Siége de Calais eft devenu , fi je puis m'exprimer ainfi , le Fils adoptif de la Nation , & je refpecterai les défauts même de ce Fils , fuppofé qu'il en ait quelques-uns.

Je vous en ai dit affez fur l'hiftoire de ces tem malheureux , pour vous faire voir de quelle façon M. de Belloy a rapproché les faits & les a liés à fon Sujet ; mais trouvez-vous bien naturel, Madame , que Saint-Pierre , qui eft un des plus braves Citoyens de Calais, que Saint-Pierre, dont l'exemple & les avis auroient éclairé & animé les combattans ; foit par l'ordre du Gouverneur , retenu dans le Palais, durant la bataille ; que ce même Saint-Pierre, qui défefpère du fuccès , qui doit trembler fur le fort de fa Ville , & fur celui de fon fils, n'ait pas au moins fuivi Aliénor fur les remparts de Calais , pour y être témoin de l'action ? Lorfque nous nous trouvons dans quelque circonſtance critique , nous n'avons rien de plus preſſé que de ſavoir le bien ou le mal qui doit nous en arriver. N'auriez‑vous pas mieux aimé que le Comte de Vienne qui connoiſſoit la grande ame de ſa fille , & qui conſéquemment craignait qu'elle ne s'expoſât mal‑à‑propos , lui eût ordonné de reſter dans le Palais avec ſes femmes , & eût chargé Saint‑Pierre de veiller ſur les Combattans. N'auriez‑vous pas même mieux aimé que le premier Acte n'eut commencé qu'au ſortir de l'action ? Il n'en auroit été ni moins chaud , ni moins intéreſſant.

Trouvez‑vous bien naturel qu'après le malheur qui vient d'arriver, Saint‑Pierre écoute patiemment Aliénor , qui dans le même Acte lui peint tous les charmes que le Comte d'Harcourt avoit à ſes yeux, ſoit qu'il fût vainqueur dans les Tournois , ſoit qu'il triomphât des Infidéles ? Qu'importe à Euſtache de ſavoir que cet Amant adoré portoit les Chiffres & les couleurs de ſa Maitreſſe , lorſque ſon devoir l'appelle , & qu'il faut délibérer ſur le parti qu'il prendra pour ſes Concitoyens & pour lui ? En ſuivant cette même réflexion , je crois que la Séène qui vient après eſt un peu trop longue , ainſi que la deſcription que Saint‑Pierre fait aux Chefs de Calais , ſur les maux qu'ils ont ſouf‑

fert & fur la réſiſtance qu'ils ont oppoſée , depuis un an , à toutes les forces de l'Angleterre.

Ces légers défauts , ſi réellement ils exiſtent , Madame , ſont rachetés par des beautés eſſentielles.

De ce nombre ſont le portrait du Comte d'Harcourt dans la premiere Scène , la deſcription du canon dans la même , & la délibération des Caléſiens dans la ſixieme. Le Patriotiſme y eſt peint des couleurs les plus vives , & les plus frapantes. Le ſeul vers que dit Euſtache lorſqu'il apprend que ſon fils eſt bleſſé , mais qu'il vit encore :

» J'ai donc encor un Fils à donner à mon Roi.

Vaut , ſelon moi , un Acte tout entier , c'eſt le coup d'un grand Maître , qui d'un ſeul trait caractériſe ſon Héros. Cet éloge eſt dû à M. de Belloy , qui dans le premier Acte a développé , on ne peut mieux , l'ame de tous les Perſonnages qu'il a employés.

Il ne l'a point chargé non plus de ces maximes froides, qui, n'étant point faites pour le Sujet, ne ſervent qu'à ralentir & à réfroidir l'action de ces vers déplacés , que nos petits Tragiques appellent des vers de marque.

» Malheur aux Nations , qui , cédant à l'orage ,
» Laiſſent par les revers avilir leur courage ,

» N'osent braver le sort qui vient les opprimer ;
» Et pour dernier affront, cessent de s'estimer.

. . . .

» C'est par les grands malheurs qu'on apprend ses ressources.

Le même dit ailleurs en parlant du canon :

» Monument infernal d'un siécle d'ignorance ,
» Où l'art de se détruire est la seule science.

Voilà , Madame , les seuls vers que l'on puisse détacher de cet Acte ; tous les autres sont faits pour le tableau dont ils sont l'ornement.

Les remords du Comte d'Harcourt ,qui commence le second Acte , me paroissent très-bien placés , ainsi que la surprise que M. de Belloy a ménagée entre lui & Aliénor. Cet hémistiche : *Ah ! Grand Dieu , c'est Harcourt !* Produit un très-grand effet ; mais je ne sais si les reproches qu'elle lui fait , lorsqu'il l'a rassurée sur le sort de son Pere, ne sont point un peu trop longs , je ne sais si au lieu de lui parler du deshonneur dont il s'est couvert , en trahissant sa Patrie , elle ne devroit point chercher à le pénétrer , en faveur de ses Concitoyens , & à savoir de lui quelle est la vengeance qu'Édouard compte en tirer , afin de pouvoir les y soustraire , s'il en étoit encore tems. Une Amante est toujours tendre , & je ne prétends pas qu'Aliénor étouffe l'amour qu'elle ressent encore pour Harcourt ; (car

fes reproches ne font dicté sque par ce fentiment)
mais j'imagine qu'elle n'en auroit été que plus grande en le diffimulant.

Il me femble auffi que dans la Scène fuivante
Mauny annonce avec trop de dureté les ordres
d'Édouard aux Chefs du Peuple. Il n'y auroit rien
à dire , fi cette dureté étoit dans le caractere de cet
Officier , & qu'il la confervât jufqu'à la fin ; mais un
moment après il devient tout différent de ce qu'il
paroiffoit être. La préfence du Comte d'Harcourt
lui faifait-elle ombrage ? Craignoit-il de paroître
humain devant lui ? Je ne le crois pas ; ce dégui-
fement n'eft pas fait pour un Anglais. Édouard ,
fans doute , l'avoit chargé de traiter fes Ennemis en
Vainqueur , mais puifque lui-même eft le premier à
gémir du trop de rigueur de fon Maître , n'auroit-
il pas dû prendre un autre ton que celui de la hau-
teur & de la fierté ?

Il eft fans doute flatteur pour la Nation , Madame , de voir un Anglais , qui , enthoufiafmé de la
Vertu , & de l'héroïfme des Français , défire d'être
né parmi eux , & M: de Belloy a dans ce trait faifi
l'hiftorique fort adroitement ; fans cela j'aurois défiré qu'il eût mis les Ordres d'Edouard dans la bouche d'Harcourt. Le regret & l'embarras du Comte
à demander la mort de fix de fes compatriotes de
la part de fon nouveau Maître , la néceffité de lui

obéïr ,

obéir, auraient peut-être produit un moment bien pathétique.

Vous lirez avec le plus grand plaisir dans cet Acte la réponse d'Aliénor au Comte d'Harcourt, qui se regarde comme l'horreur du nom de sa famille, dont il a flétri la gloire.

» Le nom d'Harcourt flétri ! (*lui dit-elle.*)
                    Lâche oses-tu le croire !
» Va, le nom des Héros, par un Traître porté,
» N'arrive pas moins pur à l'immortalité.

Il serait à désirer, Madame, que cette maxime fût adoptée dans tous les États, & qu'un faux préjugé ne nous fît pas regarder une famille entiere comme deshonorée, parce qu'un malheureux a expié par une mort publique la peine dûe à son crime. *Il faut purger le mauvais sang,* répondit le Régent, lorsqu'on lui demanda la grace du Comte de Horn, qu'il fit lui-même conduire à l'échaffaud : que ne sentons-nous comme lui que les fautes sont personnelles !

Le repentir que le Comte d'Harcourt témoigne à Aliénor d'avoir trahi sa Patrie, la description du combat & de la mort de son frère, expirant dans ses bras vous pénétreront, & je ne vous cache pas que ce Héros, tout perfide qu'il est, m'a quelquefois intéressé dans le cours de la Pièce, à un point que j'ai oublié Eustache & ses Compa-

E

gnons. Je n'ofe prononcer que c'eft un défaut ;
jugez-en vous-même , Madame ; mais je vous le
répéte pour la feconde fois , la Scène où les fix
victimes fe dévouent eft au Théâtre de la plus grande beauté : vous n'y trouverez que ces deux vers de
maxime :

   » Sous des cheveux blanchis , la valeur eft tranquile ,
   » Elle perd quelqu'éclat , & devient plus utile.

Je m'apperçois , Madame , que ma Lettre devien-
droit beaucoup trop longue , fi je voulois aller jufqu'à la fin de la Tragédie , & pour aujourd'hui , fi
vous me le permettez , nous en refterons-là.

      J'ai l'honneur d'être , &c.

LETTRE VI.

VOus serez contente, Madame, de l'entrée d'Edouard dans le troisiéme Acte : glorieux d'une Conquête qu'il regarde comme la clef des États de Valois, il s'en applaudit, & peint en très-beaux vers la différence des deux Monarchies.

» Quel tableau !.. Je sortais de mon île orageuse,
» Climat toujours sanglant, par la nécessité
» Des querelles du Trône & de la liberté ;
» Où le Peuple rival, & tyran de son Maître,
» Veut qu'il le rende heureux, & refuse de l'être.
» Dans leurs jaloux débats, le Prince & les Sujets,
» Divisent par honneur leurs communs intérêts.
» Bien-tôt leur défiance est mere de la haine,
» Le Chef, pour maintenir sa puissance incertaine,
» Est contraint sur lui seul de rassembler ses soins,
» Et du Corps de l'État néglige les besoins.

. . . .

» Mais que voyais-je en France ? Un Roi Maître suprême,
» En qui vous révérés la Divinité même :
» Des Grands que son pouvoir a seul rendu puissans,
» Du bras qui les soutient, appuis reconnoissans :
» Un Peuple doux, sensible : une famille immense,
» A qui le seul amour dicte l'obéissance,
» Qui laisse tous ses droits à son Pere asservis,
» Sûre qu'il veut toujours le bonheur de ses fils.

J'aurais défiré, Madame, que M. de Belloy eût coufu ce Morçeau plus adroitement, & qu'amené par le Dialogue, il s'y fût trouvé placé néceffairement. Il n'eft pas naturel qu'Édouard, qui, depuis long-tems, a dû développer fon ame aux yeux d'Harcourt, ait attendu ce moment là pour lui laiffer voir toute l'envie qu'il avait de régner fur la France.

J'aurais défiré auffi que dans la Scène fuivante, Edouard, fe refpectant lui-même ainfi que le titre dont il eft décoré, fe fût moins emporté contre Euftache & les cinq autres victimes. Le fuccès d'une Négociation dépend prefque toujours d'une premiere entrevue, & je crois qu'il était de la politique d'Edouard de ne pas, en arrivant, éloigner des cœurs qu'il voulait conquérir S'il eût commencé par la féduction, à laquelle il eft humiliant pour lui de revenir après fon emportement, il me femble que fa fureur n'en aurait été que plus théâtrale.

On pourrait peut-être auffi reprocher à l'Auteur un peu de langueur dans cette Scène, qui n'eft qu'une répétition des remords du Comte d'Harcourt, qui d'ailleurs eft cenfé avoir dit à Edouard tout ce qu'il lui dit là, puifqu'il eft parti dès le commencement du fecond Acte, pour aller le folliciter en faveur d'Euftache.

Je vous ai promis, Madame, de vous citer le morçeau qui regarde la loi Salique; & je vais remplir ma promeffe.

» De vos trois derniers Rois cette sœur magnanime

[*Edouard parle ici à Aliénor d'Isabelle sa mere,*
Reine d'Angleterre, & sœur de Louis Hutin,
de Philippe le Long & de Charles le Bel.]

» M'a transmis sur les lys un titre légitime.
» Qui peut d'un droit si saint me priver désormais ?
» Quel autre doit regner sur la France ?

ALIÉNOR,
Un Français.

» Lorsqu'en nommant un Roi, nos généreux Ancètres
» Ont nommé dans ses Fils la race de nos Maîtres,
» Quand des soldats vainqueurs portaient sur un pavois
» Le plus vaillant soldat, Pere de tous nos Rois.
» D'un Peuple libre & fier qui se donnait lui-même ;
» Tel fut le premier vœu, la loi juste & suprême :
» Que son Sceptre en tout tems aux Français réservé,
» Jamais par d'autres mains ne pût être enlevé :
» Et si la même loi, mais sans nous faire outrage,
» De ce Trône à mon sexe interdit l'héritage ;
» C'est de peur que l'Hymen, qui doit nous engager,
» Ne couronne en nos Fils, les Fils de l'Étranger :
» Avant vous cette loi, contre vous fut portée :
» Écrite au fond des cœurs, dont la voix l'a dictée,
» Elle s'est affermie, à l'ombre des lauriers,
» Par trois Races de Rois, & neuf siécles entiers.
» Le Français dans son Prince aime à trouver un Frère,
» Qui, né Fils de l'État, en devienne le Pere.
» L'État & le Monarque, à nos yeux confondus,
» N'ont jamais divisé nos vœux & nos tribus.

E iij

» De-là cet amour tendre , & cette idolâtrie ;
» Qui dans le Souverain adore la Patrie :
» Sublime paſſion d'un Peuple impétueux
» De l'Empire des Lys fondement vertueux ;
» Et qui le diſtinguant par les plus nobles marques .
» Fait à cent Souverains envier nos Monarques.

Quelle réponſe , Madame , Edouard pouvait - il faire à Aliénor , lui qui ſavait l'authenticité de la loi qu'elle venait de lui citer , loi primitive , qui , ſelon les Hiſtoriens dérive du Code Salien , loi d'une anciene Tribu de France ? M. Hume prétend qu'à la rigueur elle ne paroiſſait que favoriſer la préférence des mâles dans l'ordre de ſucceſſion ; mais que cependant l'uſage a prévalu , & eſt devenu regle inconteſtable , établie ſur pluſieurs exemples , tant anciens que modernes.

Sous la premiere Race de nos Rois, les Francs , Peuple groſſier & barbare , refuſérent de ſe ſoumettre au joug d'une femme , & placérent ſur leur Trône des Princes , à l'excluſion des femmes , qui en étaient plus proches héritières. Ces exemples furent ſuivis ſous la ſeconde Race , & , ſous la troiſiéme , on vit la Couronne paſſer du pere au fils , pendant les onze générations de Hugues Capet à Louis Hutin , ſans que jamais aucune femme ait tenu le Sceptre Français.

Lorſque Louis Hutin expira, il laiſſa une fille ,

& comme Marguerite, sa femme, se trouva enceinte à la mort du Monarque, Philippe, son frere puîné, fut nommé Régent du Royaume, jusqu'à ce que l'accouchement de la Reine eut décidé si l'on aurait un Prince où une Princesse. Marguerite accoucha d'un enfant mâle qui ne vécut que peu de jours. Eudes, Duc de Bourgogne & frere de Marguerite, voulut alors soutenir les droits de sa niéce ; mais un décret solemnel des États du Royaume assemblés lui donnérent l'exclusion, & déclarérent toute femelle, pour jamais, inhabile à posséder la Couronne de France. Philippe mourut après un regne très-court, laissa trois filles, & son frere Charles lui succéda sans aucune opposition : le régne de celui-ci ne fut pas plus long. Charles laissa aussi une fille & la Reine enceinte. Philippe Comte de Valois, fut nommé Régent jusqu'à l'évenement des couches de la Reine, elle ne mit au monde, qu'une Princesse, & Philippe, d'une voix unanime fut proclamé Roi de France. Avant cette proclamation, Edouard avait deja voulu étre nommé Régent du Royaume de France ; mais les États assemblés avaient jugé les raisons sur lesquelles il s'appuyait, non valables.

Malgré ce Jugement, il renouvella ses prétentions lorsque Philippe monta sur le Trône. Il soutint que du chef de sa mere il avait droit à la

Couronne de France , & que le degré de Neveu devait être préféré à celui de Coufin-Germain pour cet héritage. Mais quand même la Loi Salique n'aurait pas été auffi autentique qu'elle l'était , quand même les filles auraient été admifes à la fucceffion, Edouard devait fentir que les trois derniers Rois avaient tous laiffé des filles qui vivaient encore , & qui le précédant dans l'ordre d'héritage , détruifaient fes prétentions. Ce fut là l'objection qu'on lui fit , & ce Dilemme était de la plus grande force : ou la Loi Salique ne fouffre point d'interprétation , ou il faut admettre celle que vous lui donnez. Dans la premiere hypothèfe , la Couronne appartient inconteftablement à votre rival , il eft né pour être votre Maître & votre Souverain. Dans la feconde , les petit - fils des derniers Rois doivent l'emporter , ils vous donnent l'exclufion au Trône, puifqu'en effet vous vous trouvez précédé par des mâles , iffus des filles des derniers Rois , dont Ifabelle votre mere n'eft que la fœur.

Edouard objectait encore qu'il n'ignorait pas que la Loi Salique privait les femmes du Trône , *à caufe de la foibleffe de leur fexe ,* & que fon intention n'était pas d'exclure les mâles iffus des femmes ; qu'à la vérité fa mere n'avait aucun droit , à la Couronne , mais qu'elle lui donnait le droit de proximité , qui le rendait habile à fuccéder en qualité de mâle : & qu'enfin il était plus proche des derniers Rois morts, puifqu'il était leur neveu, tandis que Philippe n'était que leur coufin-germain.

Ce n'eft point, lui répondait-on, à caufe de *la prétendue foibleffe de leur fexe ,* que les filles ne font point admifes à fuccéder, mais pour empécher que le Sceptre ne paffe à un Prince d'une autre Nation, ou même d'une autre Maifon que celle à laquelle on s'eft foumis. On ajoutait que la Nobleffe Françaife n'ayant point entendu fe dépouiller de fon droit originaire à la Couronne, ou à l'Election d'un Roi, en cas d'extinction de la famille régnante, jamais les fils des Monarques étrangers & des filles de nos Rois, n'avaient été qualifiés Princes du Sang Royal de France.

Je vous ai réfervé cette réponfe pour la derniere, Madame, afin de vous rapprocher du morçeau de M. de Belloy fur la loi Salique : il était fait pour embarraffer Edouard, qui, malgré cette loi, malgré le Jugement de tous les Etats contre lui, malgré l'hommage que lui-même avait rendu à Valois, prétendait encore avoir des droits légitimes à la Couronne de France ; il n'a d'autre réplique en effet que d'ordonner que l'on prépare l'échaffaut.

» A tant de cruautés pouvez-vous bien foufcrire ?

(*Lui dit Harcourt en entrant.*)

» La valeur de ce Maire & ſes rares vertus . . .

ÉDOUARD.

» La valeur d'un Rebelle eſt un crime de plus.

HARCOURT.

» Qu'entends-je !

ALIÉNOR.

» Ton Arrêt . . . .

Ce mot eſt de la plus grande force , & eſt vraiment ſublime dans cet endroit.

Je vous ai rendu compte , Madame , de la Scène ſuivante entre Édouard & Harcourt ; cette poſition eſt à-peu-près la même de celle du Comte de Warvick vis à-vis Edouard IV.

Les vers, par leſquels Harcourt finit cet Acte méritent , à tous égards , de vous être cités : ils ſont pleins de force & de vérité :

» Voilà le terme affreux du bonheur paſſager ,
» Qu'un rebelle Sujet trouve chez l'Étranger.
» Si-tôt qu'il peut déplaire , il dépouille ſans crainte
» Le faîte intéreſſé d'une amitié contrainte.
» La faveur diſparaît, les flétriſſans mépris ,
» Lui rejettent l'horreur, qu'il fait à ſon pays,
» Et tirant de ſa faute , un cruel avantage ,
» On veut que ſans murmure il dévore l'outrage.
» On eſt juſte . . . Ah ! j'invite à marcher ſur mes pas.
» Ingrat ! Suis je ſurpris de trouver des ingrats !
» Tremblez , faibles Sujets , qui trahiſſez vos Maîtres,
» Un Roi punit toujours ceux qu'il a rendus traîtres.

Vous ne lirez pas avec moins de plaifir , Madame, ces vers du quatriéme Acte que M. de Belloy
met dans la bouche de Mauny.

» L'Anglais eſt Citoyen : & ſa raiſon ſuprême
» Veut qu'une Nation ſe chériſſe elle-même :
» Le lien fraternel , qui joint tous les humains ,
» Se ſerre, en chaque état , par d'autres nœuds plus ſaints :
» Je ſais que mis au jour , nourri par l'Angleterre ,
» Je lui tiens de plus près qu'au reſte de la terre :
» Je vois ces mêmes nœuds de la France à ſes fils.
» Je hais ces cœurs glacés & morts pour leur pays ,
» Qui voyant ſes malheurs , dans une paix profonde ,
» S'honorent du grand nom de Citoyen du monde ;
» Feignent dans tout climat d'aimer l'humanité ,
» Pour ne la point ſervir dans leur propre Cité ;
» Fils ingrats , vils fardeaux du ſein qui les fit naître ,
» Et dignes du néant , par l'oubli de leur être.

Encore une fois , Madame , ces morçeaux ſont
bien frappés , mais des morçeaux détachés ne ſont
pas une Tragédie : il faut des événemens , il faut de
l'action , & je ne ſais ſi cet Acte n'en manque point.
Il eſt vrai qu'il eſt heureuſement ranimé par les adieux
touchans d'Aliénor , & ſurtout par le dévouement
d'Harcourt qui veut prendre la place d'Aurele : cette
Scene eſt ſans contredit , une des meilleures de la
Piece ; le dialogue en eſt vif , preſſé , bien ſuivi , &
intéreſſant d'un bout à l'autre. En un mot Harcourt
plaide ſi bien ſa cauſe , qu'il méritait de mourir.

Lorſque je vis jouer pour la premiere fois le Siége de Calais, je craignais à chaque minute que cette Scene ne fut interrompue : car enfin un Officier était déjà venu annoncer à Aliénor que l'arrêt était ſigné, & que ſi elle ne s'éloignait, on allait ſous ſes yeux conduire Euſtache au ſupplice. Cependant Harcourt qui ne paraît qu'après, a encore le tems de l'entretenir, & heureuſement Edouard lui en donne le loiſir, quoiqu'il ne fût pas venu dans la priſon par ſon ordre, comme il eſt aiſé de le voir.

Dans le même Acte, Madame, vous trouverez cette maxime ſi vraie & juſtifiée par tant d'exemples.

      » Eh ſouvent en effet,
» Le ſort des Souverains dépend d'un ſeul ſujet.
» Harcourt trahit ſon Prince & d'Artois l'abandonne,
» Un Maire de Calais raffermit ſa couronne !
» Quelle leçon pour vous, ſuperbes Potentats !
» Veillez ſur vos ſujets, dans le rang le plus bas
» Tel qui, ſous l'oppreſſeur, loin de vos yeux expire,
» Peut-être quelque jour eût ſauvé votre Empire.

La mort des dévoués eſt encore différée au commencement du cinquiéme Acte, & Mauni a fait rentrer Edouard en lui-même, ou plutôt Edouard a ſenti, pour la trois ou quatriéme fois, que la ſéduction était le moyen le plus ſûr qu'il pût employer ; cependant j'ai de la peine à croire que le Monarque An-

glais, tel que nous le peint l'histoire, haut, fier, absolu, fut ainsi descendu à la prière, vis-à-vis un sujet qu'il pouvait faire périr d'un seul mot : je sais que
la vertu dans tous les états est respectable, aux yeux
du Souverain le plus puissant, & qu'à ce titre, Eustache était fait pour mériter la considération d'E-
douard ; mais je sais aussi que cet Edouard devait
être plus que convaincu de la fermeté de ce Chef de
Calais, & qu'il ne pouvait rien en attendre. D'ailleurs
cette Scene n'offre au spectateur que le même tableau
du troisième Acte, où le vainqueur, pour les mêmes
motifs, & à peu près dans les mêmes termes s'est en-
tretenu avec Aliénor. J'aurais voulu qu'Edouard,
faisant jouer d'autres ressorts, s'il eut été possible, ne
se fut pas exposé à s'entendre répéter aussi souvent,
que ses prétentions sont fausses & ridicules, qu'il a
trahi tous les sermens qu'il avait faits à Philippe, &
qu'il ne peut être regardé par les Français que comme un usurpateur. Voilà cependant, Madame, tout
ce que lui répond Eustache dans cette Scene, &
peut-être pourrait-on accuser ce brave Citoyen de
n'y pas mettre assez de modération : quoiqu'Edouard
soit son ennemi, c'est une tête couronnée, & ce titre
ordonne le respect. Vous reconnaîtrez dans cette
même Scene, Madame, la position de Zopire vis-
à-vis Mahomet, avec cette différence que Mahomet, qui n'était autre chose qu'un charlatan heureux,
devait des égards à la naissance de Zopire.

» Quel mortel de mon fort ne feroit pas jaloux!.

» Seigneur, vous me forcez d'être plus grand que vous.

Ces deux vers feuls d'Euftache à Edouard fuffifent pour juftifier ce que je viens de vous dire.

Le voilà pour la cinq ou fixieme fois envoyé au fupplice & retenu par la propofition du cartel de Philippe avec Edouard. Ce cartel, Madame, eft rompu très-ingénieufement, & M. de Belloy a eu le fecret d'y développer, d'une maniere admirable, l'intérêt que tous les cœurs Français prennent aux jours & au falut de leurs Souverains.

Ce défaveu, au nom de toute l'armée Françaife, fait encore une fois prononcer à Edouard l'arrêt de fes victimes, & vous fçavez que c'eft Harcourt qui adroitement les a fouftraites à fa vengeance, en les faifant partir. Vous favez auffi qu'Euftache, inftruit en chemin de l'artifice du Comte, eft venu fe remettre dans les mains de fon vainqueur, & voilà le moment que j'aurais fait faifir à Edouard pour pardonner. Ce trait feul eût effacé tous les reproches qu'il avait à fe faire & qu'il fentait, puifqu'il n'eft ni un cruel ni un tyran ; en rendant cette juftice qu'il devait à la grandeur d'ame d'Euftache, il ferait devenu plus grand que lui. Orofmane efface Néreftan lorfqu'en lui remettant la rançon qu'il lui apporte, il lui accorde la liberté, & celle de cent Chevalier Français.

Je conviens que la Nature n'eſt point un petit moyen, qu'elle eſt & doit toujours être victorieuſe dans quelque circonſtance qu'on l'employe, mais l'image, dont ſe ſert le fils du Maire, ne vient qu'a-près une action, à laquelle Edouard n'a pû réſiſter ſans s'avilir, puiſqu'il y fait voir une ame incapable de ſentir le plus bel exemple de généroſité que l'on puiſſe donner. Oui, Madame, M. de Belloy me permettra de n'être point de ſon avis, ce ſecond dévouement montre plus de grandeur dans Euſtache que le premier. Celui-ci peut paſſer pour un premier mouvement, le ſecond eſt un héroïſme réfléchi. Dans quelle poſition Régulus eſt il véritablement grand ? Ce n'eſt point quand il promet aux Carthaginois de ſe remettre à leur pouvoir s'il n'obtient pas la paix de ſes Concitoyens, c'eſt quand il preſſe les Romains de ne point accepter cette paix, c'eſt quand il re-tourne à Carthage, malgré les ſupplices auxquels il était ſûr d'être livré.

Euſtache, il eſt vr i, ſavait qu'il n'avait été arra-ché à la mort que par fineſſe, mais en devait-il être moins grand aux yeux d'Edouard ? Non, Madame, il devait l'être d'avantage, en lui montrant que ſes jours, dont il était devenu le maître, ne lui étaient rien dès qu'il fallait les racheter par la plus petite ſu-percherie.

En un mot, Madame, je m'en tiens à mon ſentiment : je me fuis demandé quelque fois pourquoi la piece paraiffait languir , pourquoi mon ame fe réfroidiffait du moment qu'Edouard , fans faire attention à la générofité d'Euftache , depuis fon retour , l'envoyait encore à la mort , & je crois en avoir trouvé la véritable caufe.

> » Quelques taches , quelques défauts
> » Ne déparent point une Belle.

Et les petites obfervations que je viens de vous faire fur le Siége de Calais , Madame , n'empêchent pas que la piéce ne foit remplie de beautés ; mais , à mon gré , il y a plus d'efprit que de génie , & l'on voit aifément que l'Auteur a tout facrifié à fa Nation , dont il a fait l'apologie. Il l'a foutenue & animée par des idées heureufes , par le tableau fublime du patriotifme & de l'amour des Français pour leur maître; mais ce n'eft que de ce côté-là qu'elle m'a fait impreffion. Les Actes me femblent ne point s'enchaîner affez l'un dans l'autre, & faire prefqu'autant de piéces féparées. L'intérét qui fait la baze de cette Tragédie eft admirable, fans doute, puifqu'il regarde l'amour de la patrie, cette paffion des grands cœurs, mais ici cet intérét fe trouve divifé entre quatre ou cinq perfonnes , & conféquemment perd de fa force d'ailleurs de quelque beauté que foit l'Epifode du Comte d'Harcourt, je vous l'ai déjà dit , Madame, il occupe

dans

dans la Tragédie une place si considérable , qu'il me fait·trop souvent perdre de vue Euftache de Saint-Pierre , qui nécessairement doit être le premier personnage. A l'égard de l'amour du Comte pour la fille du gouverneur , il eft affez adroitement imaginé , en ce qu'il fert à développer l'ame d'Aliénor , qui d'ailleurs tient peu à la piece. Mais pour Edouard il me paraît inférieur à tous les personnages avec qui il a affaire. Il combat à la vérité pour une caufe injufte , & la fituation eft embarraffante , mais Edouard avait l'imagination riche & fertile en reffources , & j'aurais défiré qu'il m'en eut donné des preuves ici.

Je ne vous parlerai point , Madame , de la verfification de cette Tragédie : vous vous connaiffez en Poëfie , vous avez lû Racine & Voltaire , jugez par comparaifon , des vers de M. de Belloy.

Je fuis honteux de la longueur de ma Lettre , Madame , & je finis : dans la premiere que j'aurai l'honneurs de vous écrire , je vous parlerai de la répréfentation que l'on a donnée *gratis* pour le peuple.

Je vous avez l'honneur d'être &c.

F.

LETTRE VII.

LE s applaudissemens que Moliere recevait des gens simples & sans érudition , le flattaient davantage que ceux des Savans , & je suis persuadé que le concours de la Ville & de la Cour au Siége de Calais a moins fait de plaisir à M. de Belloy , que l'enthousiasme avec lequel le Peuple l'a écouté. Je fus curieux de me trouver à cette Représentation , & j'obtins un petit coin de place sur le Théâtre. Dès sept heures du matin , la rue de la Comédie Française étoit pleine d'Aspirans de tous les états , qui entrérent enfin , & remplirent la Salle à un point que les Loges , qui ne sont que pour huit , en contenaient quinze ou seize , les uns sur les autres. L'un des balcons était rempli de Poissardes , & l'autre de Savoyards & de Charbonniers , avec tous les attributs du métier, c'est-à-dire la casaque sur le corps, le visage barbouillé , & le bonnet sur la tête. Tous ces Spectateurs , avant que l'on commençât , se disputaient à qui chanterait le plus haut , & l'on n'aurait pas entendu Dieu tonner ; mais à peine la toile fut-elle levée , que le silence le plus profond remplaça cette discordante symphonie. La Piéce fut écoutée avec la plus grande attention , & il n'y eut pas un endroit faillant, pas une belle situation, pas un beau vers qui ne fût applaudi. J'ai même remarqué que ce Peuple applaudissait plus adroitement que nous : lorsque nous entendons un morceau pathétique, souvent nous ne donnons pas à l'Acteur le tems de le finir, & nos battemens de mains nous en font perdre la moitié ; mais ceux-ci, dès qu'ils avaient donné les premieres marques de leur contentement & de leur satisfaction, s'interrompaient, & prêtaient, de nouveau, une oreille attentive, afin qu'il ne leur échappât rien de la suite.

Enfin, Madame, la Tragédie entiere fit une sensation si profonde dans toutes les ames, développa si bien ce germe de zèle & d'amour, que le moindre des Français a pour son Roi, que si l'Ennemi eut été aux portes de Paris, & qu'il eût été question d'aller aux armes, on aurait vu ce Peuple verser jusqu'à la derniere goute de son sang. Que ce tribut de tendresse, commandé par le cœur & payé par un simple Sujet, qui sous son habit de toile, ne fait ni encenser ni flatter, que ce tribut, dis-je, doit être précieux, aux yeux d'un Monarque, qui ne reçoit que trop souvent les hommages de la politique, couverte d'or & d'argent !

Lorsque la Tragédie fut finie, Madame, chacun demanda l'Auteur avec le plus grand empressement, il parut, & je vis le moment où les Poissardes al-

F ij

laient fauter du haut du Balcon, pour venir l'em=
braffer.

Le Siége de Calais fut fuivi du Procureur Arbitre, où l'on rit beaucoup, furtout aux tirades qui
regardent les Procureurs. On laiffa, après cette
Piéce, un intervalle fort long, pendant lequel M.
Brifart, la ferviette fous le bras, & la bouteille à la
main, vint verfer du vin aux Poiffardes. Mademoifelle Clairon en fit autant pour les Savoyards.
Alors la joie n'eut plus de bornes, & les femmes,
bonnet bas & les cheveux épars, portant en chœur
la fanté de leur Roi, offrirent en même-tems le
tableau le plus comique & le plus frappant pour
un bon Patriote. Cette Scène dura une groffe de-
mie-heure, & la Salle ne ceffa de retentir de *Vive
le Roi & M. Brifart, Vive le Roi & Mlle. Clairon,
Vive le Roi & M. Molé.*

Plufieurs de nos Seigneurs, qui y étaient furent auffi célébrés par le Peuple, & témoignérent
leur reconnoiffance par de l'argent qu'ils diftri-
buerent dans les Balcons. Il ne reftait plus que le
Ballet, il fut donné, & l'on fit paroître au dénouement la Statue Équeftre du Louis XV. avec
un *Vive le Roi* fur le devant, qui fut le fignal des
nouveaux cris de joie de tout le Peuple, dont une
partie vint à fon tour danfer fur le Théâtre.

Je vous avoue, Madame, que jamais Spectacle
ne m'a tant fait de plaifir que celui-là : la vérité

des applaudiſſemens que je venais d'entendre m'avait pénétré, & j'en ſortis, enivré d'amour pour mon Roi & pour ma Nation.

Si vous liſez les Journaux, Madame, vous y verrez tous les honneurs qui ont été décernés à M. de Belloy. Le Roi lui a accordé une gratification de mille écus avec une Médaille d'or.

Les Habitans de Calais lui ont écrit une lettre fort honnéte, dans laquelle ils le prient, d'après une délibération de la Ville aſſemblée, d'accepter le titre de Citoyen de Calais. Ils ont joint à cette lettre une boëte d'or gravée aux Armes de Calais, & accompagnée d'une déviſe relative au ſujet. Enfin ils lui ont demandé ſon portrait pour être placé dans l'Hôtel-de-Ville au rang des premiers Bienfaiteurs de Calais.

Voltaire, ſans doute, eſt dans le genre Dramatique le plus grand homme de ſon ſiécle, le Théâtre eſt enrichi de ſes Chef-d'œuvres; mais jamais ils n'ont obtenu de palme auſſi brillante. Mais M. de Belloy eſt le premier, comme il le dit lui-même, qui ait procuré à la Nation le plaiſir de s'intéreſſer pour elle-même, & à ce titre il s'eſt acquis des droits éternels à ſa reconnoiſſance : la France eſt vis-à-vis de lui dans le cas d'une jolie femme qui récompenſe avec prodigalité un Peintre, qui, ſous des couleurs brillantes a fçu communiquer à la toile toutes les graces de fa figure. Quel exemple, Madame, pour ces jeunes Auteurs', qui, n'étant pas nés pour verfer leur fang dans les combats ne peuvent fe diftinguer que par leur plume : qu'ils la confacrent à la gloire du Prince & à celle de la Nation, le laurier les attend au bout de la carrière. Dans quelqu'état que la Providence nous ait placés, foyons Citoyens, c'eft une des plus belles & des premieres qualités, mais pour l'avoir, il fuffit d'être Français.

Voilà, Madame, tout ce que j'ai pu raffembler en votre faveur, fur le Siége de Calais. Les petites obfervations que j'ai eu l'honneur de vous faire ne font point une critique, mais de fimples vues que je foumets à votre jugement ; fi jamais elles parve‑naient jufqu'à M. de Belloy, je le préviens d'a‑vance que ces Lettres font d'un de fes meilleurs amis, & du plus fincere de fes admirateurs. J'ou‑bliais de vous dire de ne pas le confondre avec M. de Rozoi qui vient de faire imprimer un Siége de Calais : quelque peu intéreffante que foit cette matiere, fi le tems me le permet, j'aurai l'avantage de vous en parler.

J'ai l'honneur d'être, &c.

LETTRE VIII.

» QUAND un homme d'une humeur douce & pai-
» fible voit l'injuſtice ou la jalouſie lui diſputer
» le prix de ſes travaux, attaquer ou ſon cœur ou ſon
» eſprit, il s'irrite enfin. « Tel eſt, Madame, le début
d'une Preface remplie d'obſcurité & de mauvaiſes
ironies, où M. de Roſoi ſe plaint amérement, que
M. de Belloy lui a volé l'idée de ſa piéce, & cela
parce qu'il avait préſenté un Siége de Calais onze
mois avant que M. de Belloy eut achevé le ſien,
mais

Quand on a fait, *mes dix-neuf ans, ouvrage de
mon cœur ; les Baladins, mon dernier mot* &c. où les
écrivains les plus eſtimables du côté de l'eſprit & de
l'ame, (entr'autres M. d'Arnaud connu par ſes talens
& ſon honnêteté) où les écrivains les plus eſtimables,
dis-je, ſont critiqués & calomniés, peut-on ſe vanter
d'avoir un cœur ?

Quand un ſujet appartient à tout le monde, ainſi
que le Siége de Calais, & tous ceux qui ſont de l'hiſtoire, & que ce même ſujet ſe trouve traité en même
tems par deux Auteurs, mais d'une maniere ſi diffé-
rente qu'ils ne ſe reſſemblent pas plus que *Sémiramis*
& *Cinna*, l'un de ces deux Auteurs peut-il accuſer
l'autre de lui avoir volé ſa piece ?

F iv

Quand on a raffemblé des perfonnages, qui durant deux ou trois heures parlent toujours & ne difent rien, quand des Héros de Calais, dont tous les Hiftoriens atteftent le courage & la fermeté, on n'a fait que des lâches qui fuient devant leur ennemi, & qui ne méritent pas même que leur Gouverneur combatte pour eux (ce font les propres termes de la Piéce de M. de Rozoi) quand on ignore jufques à la valeur & la quantité des mots, que l'on fait *oui* de deux fyllabes, tandis que Pradon lui-même n'y en mettait qu'une, quand on fait rimer *tomber à vos pieds,* avec *illuftres guerriers,* peut-on s'annoncer comme Auteur d'une Tragédie?

Quand on a changé le nom de *Mauny* en celui de *Talbot,* parce que l'on prétend que le dernier eft plus harmonieux que le premier, quand on met dans fes bouts-rimez jufqu'à des *hiatus,* faute pour laquelle on aurait le fouet au Collége, peut-on, en confcience, s'avifer de faire autre chofe que de la profe?

Quand on a fait d'Euftache de Saint-Pierre un homme qui n'a ni l'éclat de la valeur, ni la noble fermeté de l'heroïfme, ni les délicateffes du point d'honneur, & que l'on a pleuré en écrivant un pareil róle, on peut être fûr de pleurer feul.

Quand de la mere de ce même *Euftache,* furnommée *Emilie,* on a fait une folle, une dévergondée qui crie fans ceffe à la gloire & au patriotifme dont elle ne connaît que les noms, qui, fans rien entendre, fans vouloir rien approfondir, envoye à la mort fa belle fille *Julie*, qui traite fes Concitoyens comme des faquins, qui querelle fon fils fans raifon, peut-on la comparer à ces anciennes fpartiates qui, au courage le plus mâle, alliaient tout le poids de la raifon, toute la fenfibilité d'une ame grande & généreufe?

Quand on a joint à ces deux perfonnages un *Jean de Vienne* qui ne fait qu'accufer fes concitoyens de lâcheté, une *Julie* qui croit qu'il eft plus glorieux de mourir deshonorée aux yeux de fa mere, de fon mari, & de tout le peuple, que d'avouer qu'elle n'aime point *Talbot* ; un *Talbot* qui, fans fonger à fon Roi ni à fa patrie, n'a d'autres vues que le ridicule amour dont il eft entêté, & qui pis eft que tout cela, un *Edouard*, qui n'a ni efprit, ni caractére, peut-on en appeller au Public, contre M. de Belloy ? Peut-on fe flatter d'occuper la Scene à fon tour ? En un mot, Madame, quand on a fait des vers comme ceux que je vais vous citer :

> *Lieux affreux ! où l'on voit la nature & la faim,*
> *La rage dans le cœur fe difputer leur pain.*

Que dites-vous de la *faim qui a la rage dans le cœur ?*
> *Que ce champ qui du camp fépare notre ville.*

. . . .

> *La vertu trop fouvent fait du ciel un ingrat.*

. . . .

> *Oui, la voix du remord dans une ame guerriere,*
> *Gronde plus fortement que celle du tonnerre.*

Voilà un remord bien tapageur, & une ame bien tracaffée : je favais que le tonnerre faifait du bruit, mais j'ignorais que ce fût avec fa *voix.*

Ce n'est qu'en nous perdant que fait sa paix un traître;
J'aimerais autant :

» Et grimpant contre mont, la rude terre quitte. «
De la Pucelle de Chapellain.

Gardez-vous de troubler
Des ames des Héros peu faites pour trembler.

J'espere que si M. de Rosoi fait encore une Tragédie , on y verra des ames chantantes & dansantes.

Quand on a commis , dis-je , toutes ces inepties & mille autres dont cet ouvrage fourmille , il faut se taire & ne pas crier au voleur. Un vol de cette espece ne tentera jamais personne , & si on me l'avait fait , je me donnerais bien de garde de le réclamer. Les gens de lettres , Madame , que M. de Rosoi a voulu déchirer , ne se sont pas vengés , ils ont bien fait , & jamais sans son Siége de Calais , je ne vous aurais parlé de lui : il est vrai que j'en ai saisi l'occasion avec plaisir , afin que si ses écrits vous parvenaient , vous n'ajoutassiez point de foi aux mauvais propos qu'il a tenus sur les personnes les plus honnétes. Peut-être usera-t-il de récrimination , & noircira-t-il du papier en ma faveur , il en est bien le maître ; mais il peut être sûr que le silence le plus exact sera ma seule réponse.

Vous m'avez prié , Madame , de vous donner une idée de tout ce qui s'est fait relativement au Siége de Calais , & je réserve pour ma derniere Lettre , ce qui m'en reste à vous dire.

J'ai l'honneur d'être &c.

LETTRE IX.

IL a paru, Madame, durant les Repréſentations de la Pièce de M. de Belloy un petit ouvrage intitulé : *Hiſtoire d'Euſtache de Saint-Pierre au Siége de la Villé de Calais, &c....*

Les Acteurs principaux de ce Roman ſont Euſtache, le jeune Saint-Pierre ſon fils, le Comte de Guines & Béatrix de Guines ſa fille. Cet Euſtache n'eſt point comme dans l'Hiſtoire & dans la Tragédie de M. de Belloy, un ſimple Bourgeois de Calais, mais un homme de Condition illuſtre par l'éclat & l'ancienneté de ſa Famille. Je ne ſais pourquoi l'Auteur s'eſt aviſé de l'annoblir, ignorait-il que le courage & l'héroïſme de ce reſpectable citoyen, valaient mieux que la plus longue ſuite d'ayeux.

Quoiqu'il en ſoit, cet Euſtache a un fils rempli comme lui de valeur, & doué de toutes les qualités du cœur & de l'eſprit, qu'il forme le projet de marier, craignant que s'il venait à le perdre, ſon nom ne s'éteignit avec lui. Il jette les yeux ſur la fille du Comte de Guines, jeune beauté, telle que l'on nous peint les Héroïnes de Roman, c'eſt-à-dire accomplie, & propoſe au pere de l'unir pour jamais à ſon fils : le Comte de Guines y conſent avec le plus grand empreffement : les deux jeunes gens fe voient conçoivent l'un pour l'autre la paffion la plus vive, & ne défirent que le moment qui doit les rendre heureux.

On faifait les préparatifs de cette fête fi ardemment fouhaitée, lorfque l'on apprit les deffeins d'Édouard fur la ville de Calais, & nos jeunes Amants, facrifiant leur tendreffe à l'amour de leur Patrie, ne fongérent plus qu'à fe diftinguer dans cette affaire.

En effet le jeune Saint-Pierre repouffa les Anglais dans toutes leurs attaques, donna les marques les plus éclatantes de fa valeur, & fut fecondé dans toutes les occafions dangereufes par Béatrix, qui, vêtue en amazone, fuivit l'ennemie jufques dans fes retranchemens. Son courage ne fut pas même amolli par la mort de fon pere qui expira dans fes bras, il en prit au contraire de nouvelles forces, & brûlant de fe venger de la perte qu'elle venait de faire, elle compofa un corps de deux cents amazones, qui, armées comme elle, & marchant à fa fuite, immolérent un nombre infini d'Anglais aux manes du Comte de Guines. Ce fut à l'aide de ces illuftres Compagnes, qu'un jour, au milieu du carnage le plus affreux, elle délivra le jeune Euftache, qui, fans elle, aurait infailliblement péri, malgré l'ardeur avec laquelle il combattait.

Une bravoure auffi décidée fait concevoir à Edouard & à la Reine fon époufe la plus haute eftime pour Béatrix & le jeune Euftache, & bientôt le Monarque Anglais réfolu de féduire l'efprit de l'un & de l'autre, & de les éblouir par les honneurs, propofe une Trève de trois jours. A peine eft-elle acceptée qu'il fait préparer dans fon camp une fête fuperbe, à laquelle font invités Béatrix & fon amant : ils s'y rendent tous les deux, & tandis qu'ils y refterent, les Seigneurs de Baffet & de Mauny, envoyés comme Otages en leur place, tacherent d'examiner Calais, & de remarquer quels feraient les endroits par où les troupes d'Edouard pourraient pénétrer le plus aifément. Mais le Comte de Vienne ne les quitta pas d'un moment, & eut l'adreffe de les écarter des lieux où ils avaient envie d'aller.

Cependant, Madame, Edouard accablait d'égards & de politeffe Saint - Pierre & fon Amante ; mais rien ne fut capable d'altérer la fidélité qu'ils devaient à leur légitime Souverain, & la Trève expira. Edouard fit préfent à Saint-Pierre d'un fabre garni de pierreries, la Reine donna à Béatrix fon portrait enrichi de diamant, & tous les deux rentrerent dans Calais.

Les attaques recommencerent plus vivement que jamais, & les Affiégés fe défendîrent avec la même conftance. Cependant ils font obligés de céder :

le vieil Euſtache ſe dévoue pour eux, & va ſe rendre au camp avec ſes compagnons : le jeune Saint-Pierre qui défendait un poſte éloigné, apprend que ſon pere va mourir, vole aux tentes des Anglais & veut prendre la place de ce vieillard : Béatrix arrive une minute après ſon amant, ſe ſacrifie pour tous les deux, & attendrit le cœur d'Edouard, qui enfin ſe rend à ſa généroſité & aux prieres de la Reine. La Reine alors était groſſe, elle garda Béatrix & le jeune Euſtache juſques après ſes couches, & les renvoya comblés de préſens à la Cour de Philippe, où ils fûrent mariés avec toute la magnificence digne d'un Monarque.

Telle eſt, Madame, l'idée de ce petit Roman. Le ſtyle n'en eſt pas merveilleux; mais du moins il y a une expoſition, de l'intérét, un dénouement, & l'hiſtorique y eſt conſervé juſques à un certain point. Vous y verrez que deux Matelots d'Abbeville, dont l'un s'appelloit *Marante* & l'autre *Meſtuel*, eurent pendant longtems le ſecret de faire paſſer des vivres aux Aſſiégés, malgré le ſoin qu'Édouard avait prís de boucher toute communication. Vous y verrez que le Poſte de la Goulette, fortifié par des ouvrages extérieurs, faits à l'antique, fut un de ceux qui em-pêcha le plus Edouard de s'emparer de Calais. Vous y verrez auſſi la réception que fit ce Monarque à la Reine ſon épouſe, lorſqu'elle vint le trouver dans ſon camp, après la Victoire qu'elle avait rem-

portée fur les Écoffais, où *David de Bruce* Roi d'E-
coffe, fut fait prifonnier.

Je ne vous parlerai point, Madame, du Siége de
Calais, Nouvelle Hiftorique par Me. de Tanfin, at-
tribuée à plufieurs perfonnes, où il eft queftion des
amours de Madame *de Granfon* avec M. *de Canaple* & de celles de M. *de Châlons* pour Mademoifelle *de Mailly*. Ces deux Amans, au défefpoir
d'être maltraités par leurs Maîtreffes, forment le
projet de mourir. M. de Canaple apprend qu'E-
douard demande fix victimes, il va prier Euftache
de Saint-Pierre de l'avouer pour fon fils, fes vœux
font remplis & il fe rend au camp du vainqueur,
les pieds nuds & la corde au col. Madame de
Granfon, fille du Comte de Vienne & veuve du
Comte de Granfon, le fait & cédant enfin à tout
la tendreffe qu'elle avoit pour M. de Canaple, elle
fe déguife en homme & va demander la mort au Monarque Anglais, pour fauver les jours de fon Amant.
La Reine fe joint à elle, Edouard pardonne, & tout
le monde devient heureux. M. *de Canaple* époufe
Madame *de Granfon*, & Mademoifelle *de Mailly*
donne la main à Monfieur de *Châlons* : il était jufte
que ces deux Amans fuffent récompenfés par celles
même à qui ils avaient facrifié leurs vies : la France
ne devait point y contribuer, puifqu'elle n'avait eu
aucune part à ce facrifice.

Je ne puis mieux finir mes Lettres, Madame,

qu'en vous annonçant, pour l'hyver prochain, un Siége de Calais, Poëme, par M. d'Arnaud, Auteur du *Comte de Comminge*, Drame nouveau, qui, à juste titre, a mérité la plus grande réputation par la beauté de ses vers, & la profondeur de sentiment dont il est remplis. La seconde Édition de cet ouvrage est supérieure à la premiere, jugez de ce qu'elle vaut : ce n'est point d'après M. de Belloy que M. d'Arnaud a entrepris le Siége de Calais, il l'a commencé depuis plus de trois ans : il en a pour garant plusieurs personnes digne de foi, & entr'autres M. de Villaret, continuateur célébre de l'Histoire de France par M. l'Abbé de Velly.

J'ai l'honneur d'être, Madame, &c.

Note sur la Carte.

DANS cette Carte de la Ville de Calais, telle qu'elle est aujourd'hui, le Géographe a eu l'attention de marquer toutes les antiquités qu'il a pû découvrir, & de les désigner par des lettres de renvoi. On ose assurer qu'elle est la plus circonstanciée de toutes celles qui ont paru jusqu'ici.

On la trouvera séparément chez le Graveur, rue & à côté de la Comédie Italienne.

F I N.

APPROBATION.

J'AI lû par ordre de Monseigneur le Vice-Chancelier, un manuscrit qui a pour titre : *Lettre d'une Dame de province sur le Siége de Calais*, & j'ai cru qu'on pouvoit en permettre l'impression. Fait à Paris ce 17 Avril 1765. BRET.

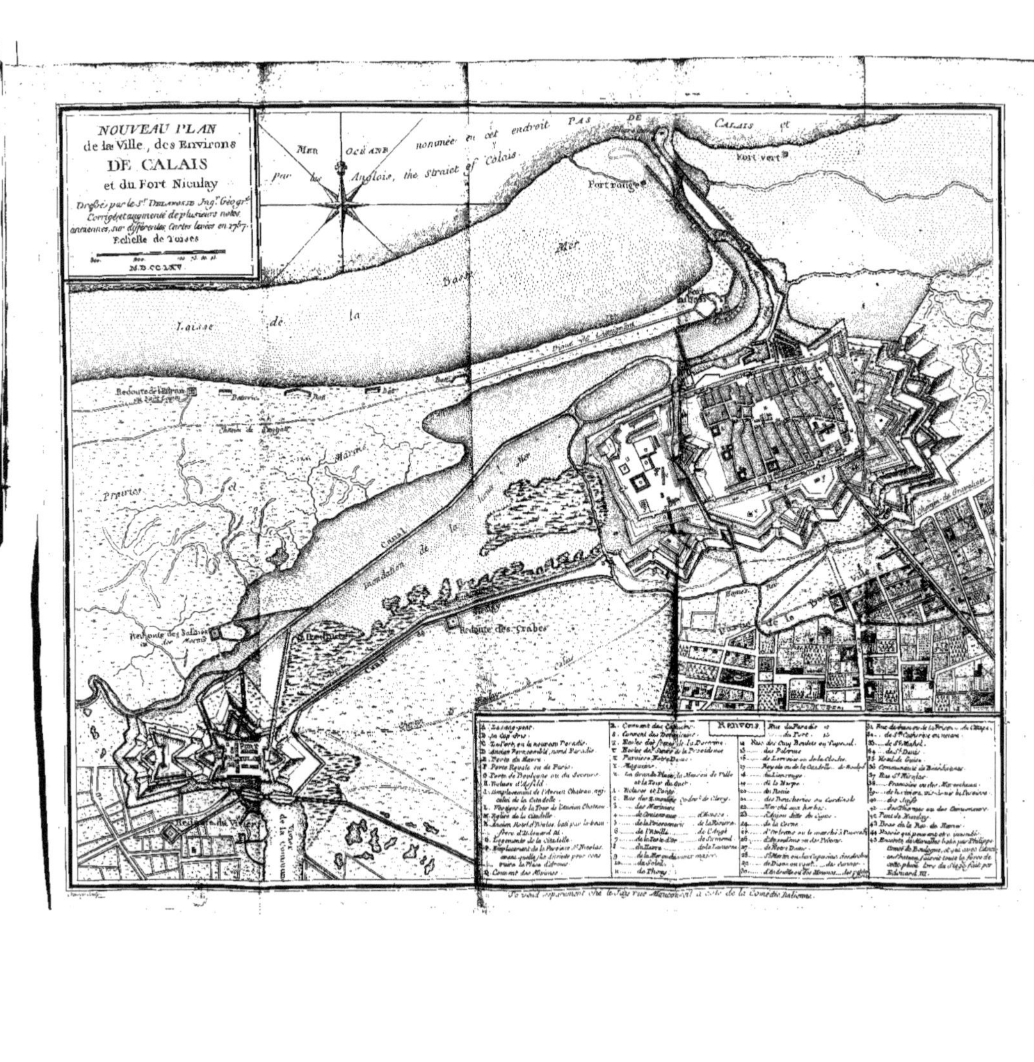

NOUVEAU PLAN
de la Ville, des Environs
DE CALAIS
et du Fort Niculay
Dressé par le Sr. Dezauroze Ingr. Géogr.
Corrigé et augmenté de plusieurs notes
anciennes, sur différentes Cartes levées en 1767.
Echelle de Toises
M.DCC.LXV
Mer Océane nommée en cet endroit PAS DE CALAIS
par les Anglois, the Straict of Colais
Fort vert
Fort rouge
Mer
Environs

www.ingramcontent.com/pod-product-compliance
Lightning Source LLC
LaVergne TN
LVHW012209170726
843503LV00005B/1958